KB079595

곽재식의 역설 사전

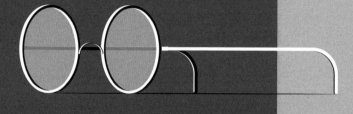

마음을
지배하고

돈을
주무르고

숫자를
갖고
노는

역설의
세계

곽재식의 역설 사전

역설적인, 너무도 역설적인 세계

지금이야 아저씨 농담을 좋아하는 아저씨가 된지라 말할 것도 없지만, 어릴 적부터 나는 다양한 말장난을 좋아했다. 그렇다 보니 자연스럽게 말장난 같은 이야기 속에 꽤나 복잡한 생각이 담겨 있게 마련인 역설에 대해서도 관심이 많았다. 여러 학문 분야에서 역설은 호기심을 자극하기도 좋고, 풀이하기 어려운 문제를 파헤치는 과정에서 그 학문에 관련된 주제들을 깊이 따져 보는 소재로도 좋다. 그래서 여러 기회를 통해 재미난 역설들을 어렵지 않게 접할 수 있다.

이 책은 2022년 《고교독서평설》에서 '역설의 역설 사전'이라는 이름으로 연재했던 글을 모으고 내용을 보충해서 엮은 책이다. 유명한 역설들을 두루 조금씩 언급하되, 이미 다른 책에서 많이 소개되어 있는 역설보다는 기사나 방송에서 종종 언급되지만 자세한 이야기를 찾기는 의외로 쉽지 않은 역설들에 좀 더 집중하고자 했다. 역설의 내용에 대해 설명하고 그것을 어떻게 풀이하며 어떤 지식과 관련이 있는지 정리해 보려고 했다. 그러다 보니 재주에 걸맞지 않게 사회, 경제, 정책의 온갖 문제를 다루는 글을 쓰게 되었는데, 그런 만큼 이 모든 일에 관해 감히 충분한 지식을 전해 주는 글을 썼다고 할 수야 없을 것이다. 그보다는 이 책에서 소개하는 역설들이 각각의 분야에 정통한 전문가들의 더 깊은 지식을 탐구해 볼 수 있는 계기가 되면 좋겠다는 마음으로 책을 만들었다.

좋은 매체에 글을 실을 수 있도록 많은 도움을 준 《고교독서평설》편집부에 깊은 감사를 드리고 싶다. 또한 학창 시절 역설에 대해 즐거운 생각을 할 수 있도록 이끌어 주고, 삶의 태도에 대해서도 많은 가르침을 준 은사님, 이유 선생님에게도 감사의 말씀을 올리고자 한다.

- 2023년, 광명에서

곽재식

차례

3장. 숫자의 역설

1장. 마음의 역설

거짓말쟁이의 역설

Liar paradox

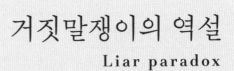

　　　　　논리학에서 자기 자신이 거짓임을 말하는 명제를 인정하는 데서 생기는 역설이다. "내가 말하고 있는 것은 거짓말이다."라는 문장(S)의 진위를 판단할 경우, 가령 S가 참이라고 한다면 이 문장의 내용 그대로 "S는 거짓이다."라고 인정하는 것이 되고 만다. 또한 가령 S가 거짓이라고 한다면 이것은 바로 S가 말하고 있는 것 그대로가 되어 그 결과 S는 참이 되고 만다. 즉 S를 참이라 가정하든 거짓이라 가정하든 모순된 결과가 나온다.

참일까, 거짓일까?

나는 거짓말쟁이의 역설이 모든 역설의 어머니로 불릴 자격이 있다고 생각한다. 이 역설은 재미있고, 단순하다. 그러면서도 역설의 재미와 가치도 잘 알려 준다.

거짓말쟁이의 역설의 주인공으로는 고대 그리스의 철학자 에피메니데스Epimenides가 자주 언급된다. 에피메니데스는 크레타의 동굴에서 50년이 넘는 시간 동안 긴 잠을 자고 있었다. 어느 날 그는 잠에서 깨어나 여러 가지 인상 깊은 일들을 벌였다고 한다. 마치 지혜가 부족한 사람들에게 무엇인가를 깨우쳐 주기 위해 숙명적으로 등장한 인물처럼 보인다. 그러나 거짓말쟁이의 역설의 주인공이 꼭 에피메니데스일 필요는 없다. 게다가 내가 아는 한 에피메니데스가 이 이야기를 처음 개발한 것도 아닌 것 같다. 그래서 그냥 그의 이름을 들먹이지 않고 이야기를 꺼내 보겠다.

어떤 사람이 나타나 말한다. "모든 크레타인은 거짓말쟁이다." 크레타는 그리스 지역에 있는 섬으로 고대 그리스 문명에서도 아주 오랜 역사의 무대가 되는 곳이다. 머리는 황소

모양이고 몸은 사람 모양인 미노타우로스는 한국에서도 유명한 그리스·로마 신화의 괴물일 텐데, 신화에 따르면 미노타우로스가 미노스라는 왕의 명령으로 크레타섬에 있는 미로에 갇혀 있었다고 한다. 크레타섬에 정말로 소의 머리를 한 괴물이 살았을 리는 없겠지만, 실제 크레타섬에서는 지금으로부터 3,000년 전에 건설된 것으로 보이는 거대한 크노소스궁전 유적이 발견된 적이 있다. 크레타인은 그 크레타에서 태어나고 자란 사람을 말한다.

"모든 크레타인은 거짓말쟁이다."라는 말에서 거짓말쟁이는 항상 언제나 진실이 아닌 말만 하는 사람을 말한다. 정말로 이런 사람이 있을 리는 없겠지만 무슨 이상한 이유로든 그런 사람이 없으란 법도 없다. 뇌가 이상하게 되어서 진실은 절대 말하지 못하는 병을 앓게 되었다든가, 아니면 어떤 특이한 신념 때문에 거짓말만 하고 살겠다고 결심한 사람이 있을 수도 있을 테니 말이다.

그런데 문제는 그 말을 한 사람도 바로 크레타인이라는 점이다. 이러면 그의 말을 참이나 거짓이라고 판별하기가 어려워진다. 우선 그의 말이 참이라고 쳐 보자. 그러면 "모든 크레타인은 거짓말쟁이다."라는 말은 그 말을 한 사람을 포함한 모든 크레타인들이 절대 진실을 말하지 않고 거짓말만 한다는 뜻이 된다. 그렇다면 크레타인이 그 말을 하는 순간에도 거짓말만 하고 있어야 한다. 그가 말한 "모든 크레타인은 거짓말쟁이다."라는 말도 거짓말이라는 뜻이 된다. 다시 말해 "모든 크레타인은 거짓말쟁이다."라는 말은 참일 수가 없다. 처음 우리가 이 말이 참이라고 친 것은 틀렸다.

그렇다면 결국 그의 말은 거짓말인가? "모든 크레타인은 거짓말쟁이다."라는 말 자체가 거짓말이라면 크레타인은 정직할 수도 있다는 뜻이 된다. 이 역시 아주 이상하다. 어떤 크레타인이 나타나서 외친 말을 듣고 나는 분명 그 말이 거짓말이라고 받아들였다. 그런데 그랬기 때문에 오히려 크레타인은 정직할 수 있다고 결론을 내리는 이야기가 되지 않는가?

이 말은 거짓말이다

내가 고등학교 1학년 때 겪은 일이다. 어떤 남학생이 "모든 법칙 중 항상 예외 없는 법칙은 없다."라는 말을 했다. 그러자 옆에 있던 한 여학생이 "네가 말한 그 법칙은 항상 맞는 거냐?"라고 물었다. 그러자 남학생은 "그렇지."라고 했다. 그러자 여학생은 이렇게 따졌다.

"모든 법칙에 항상 예외 없는 법칙은 없다는 말이 항상 맞다면, 그 법칙은 예외 없는 법칙이 되는 것 아닌가? 그러면 그 법칙은 결국 자기 자신 때문에 틀린 법칙이 되는 거잖아!"

남학생은 당황했다. 그런데 그 남학생과 친한 다른 여학생이 대신 이렇게 대답해 주었다.

"모든 법칙에 항상 예외 없는 법칙은 없다는 법칙은 항상 맞는 법칙이야. 물론 이 법칙에도 예외가 있어서 안 맞을 때가 있기는 있어. 다시 말해서 세상에 예외 없는 법칙이 있기는 있다는 이야기지. 바로 모든 법칙에 항상 예외 없는 법칙은 없다는 그 법칙은 항상 맞는다는 자체가 그 예외야."

뭔가 말이 엉망으로 꼬이는 것 같은 이상한 이야기였는데, 순간 굉장히 재미있으면서도 오묘하다는 생각이 들었다. 말이 되는 것 같지만 세부를 따져 보면 여전히 의문은 남는다. 일단 "모든 법칙들 중에 예외 없는 법칙은 없다."라는 말과 "모든 법칙들 중에 예외 없는 법칙도 있다."라는 말, 둘 중에 하나는 사실이고 하나는 거짓이어야 할 것 같다. 그런데 위의 이야기는 교묘하게 말을 풀어 가면서 두 말 전부가 사실이기도 하고 거짓이기도 한 것처럼 되어 있다. 어떻게 "그것은 이렇다."라는 말과 "그것은 이렇지 않다."라는 말이 동시에 맞을 수 있는가?

이런 이야기는 소설이나 영화에서도 재밋거리로 활용될 수 있다. 무시무시한 비밀 임무에 처음 투입된 새내기 특수 요원이 있다고 치자. 서로가 서로를 속이고 온통 가짜로 위장한 첩자들이 득실대는 곳이라 누구도 믿기 어려운 상황이다. 이때 새내기 특수 요원의 선배 요원이 다가와서 이렇게 이야기해 준다.

"여기서는 아무도, 아무 말도 믿으면 안 돼. 이런 말을 하는 나조차도 믿으면 안 돼."

그러자 새내기 특수 요원은 고개를 갸우뚱하며 이렇게 묻는다.

"그렇게 아무 말도 믿으면 안 된다면, 아무 말도 믿으면 안 된다는 선배의 그 말은 왜 믿어야 되는 건데요?"

비슷한 상황으로 이런 장면을 생각해 보자. 형사가 대단히 악질적인 범죄자를 붙잡아 왔다. 형사가 범죄자를 조사하면서 말한다.

"네가 하는 말은 한마디도 믿을 수가 없어."

그러자 악질 범죄자는 싱긋 웃으며 말한다.

"형사님이 저를 아주 정확히 아시네."

이런 것도 비슷한 상황이다. 형사의 말대로라면, 범죄자의 말을 믿어서는 안 된다. 그렇다면 범죄자가 말한 형사의 말이 맞다는 말도 믿어서는 안 된다. 그렇다면 형사의 판단이 틀렸다는 뜻인가? 그렇다면 그게 범죄자의 말을 믿어야 한다는 뜻인가? 그런데 범죄자의 말을 믿는다면 그것은 다시 범죄자의 말을 믿지 말아야 한다는 형사의 판단이 맞았다는 뜻이 되는데?

거짓말쟁이의 역설은 종이쪽지나 카드로 표현할 수도 있다. 종이 한쪽에는 이렇게 적혀 있다. "뒤에 적혀 있는 말은 거짓이다." 종이를 뒤집어 보면 "앞에 있는 말은 참이다."라고 적혀 있다. 얼핏 보면 뒤에 있는 말이 순순히 자기 잘못을 인정하는 것 같다. 하지만 앞에 있는 말이 맞다면 "앞에 있는 말이 참이다."라는 그 말 자체는 거짓이라는 뜻이 된다. 그렇다면 그것은 앞에 있는 말이 거짓이라는 뜻이 되는데, 그러면 그것은 다시 뒤에 적혀 있는 말은 참이라는 뜻이 된다. 끝없이 참과 거짓을 정할 수 없이 돌고 돈다.

거짓말쟁이의 역설과 비슷한 상황을 가장 단순한 한마디로 표현하면 "이 말은 거짓말이다."가 된다. 일상생활에서도 가끔 사용할 수 있을 만한 평범하고 문제가 없어 보이는 단순한 표현이다. 그런데 이 짧은 말 속에도 혼란스러운 역설이 숨어 있다. "이 말은 거짓말이다."라는 말이 맞는 말이라면, 말 그대로 이 말은 거짓말이 되므로 맞는 말일 수가 없게 된다. 그렇다고 그 말이 거짓말이라는 말이 사실과 다르다고 한다면, 그 말은 참말이라는 뜻이 되는데 그렇다면 그것은 말 그대로 그 말은 거짓말이라는 말이 된다.

이것은 소리 없는 아우성

이런 말은 재미있고 이상하다. 한편으로는 어떤 말의 옳고 그름을 판단한다는 것이 단순해 보이면서도 얼마나 어려울 수 있는지 보여 준다. 쉽게 생각하면 별것 아닌 생각 속에도 자칫 잘못하면 혼란스럽고 참과 거짓을 따질 수 없는 이야기들이 출현할지도 모른다.

『철학사전』(2023, 중원문화)에서 역설, 즉 패러독스란 "일반적으로 인정되는 원칙이나 견해에 대립되는 주장"이라고 설명된다. 대부분 맞다고 생각할 만한 사실과 다른 결론을 내리게 만드는 이상한 주장이나 지적이 역설이라는 이야기다.

역설 중에는 방금 이야기한 것과 같은 거짓말쟁이의 역설과 구조가 닮은 것들이 많다. 이것을 풀이하자면 분명히 그게 맞거나 아니면 틀리거나, 혹은 두 가지가 같거나 다르거나, 둘 중에 하나만이 꼭 답이어야 하는 상황인데 둘 다 답이거나 둘

The Minotaur

George Frederic Watts, 1885
Oil on Canvas, 188.1×94.5 cm
Tate Britain, London

다 답이 아닌 것 같은 결론에 도달하게 되는 문제라고 볼 수 있다. 달리 표현하면 이것은 이율배반이 나타나는 상황이다. 이율배반은 하나가 진실이면 다른 하나는 진실일 수 없는 두 가지 주장이 동시에 진실이거나, 동시에 진실이 아니라는 결론에 닿는 것을 말한다. 보통 이율배반이 등장하면 무엇인가 잘못된 판단이 이루어진 것으로 보는 경우가 많은데, 우리가 흔히 역설이라고 말하는 많은 현상들이 이런 이율배반을 품고 있다.

역설은 문학 표현법으로 사용되기도 한다. 한국 문학에서 가장 널리 알려진 예시라면 유치환의 시, 「깃발」에 등장하는 "소리 없는 아우성"이라는 표현이다. 문학 작품이 널리 회자되고 많은 사람들에게 기억되는 여러 방법이 있을 텐데, 「깃발」은 표현법의 예시로 수많은 교과서, 이론서, 문제집을 통해 학생과 학자들 사이에 널리 알려진 재미있는 사례다.

아우성이란 떠들썩하게 기세를 올려 지르는 소리를 말한다. 아우성이라는 말 자체에 소리가 있다는 뜻이 포함되어 있다. 그렇기 때문에 소리가 없으면 아우성일 수가 없다. 소리가 있든지, 아우성이 아니든지 둘 중 하나여야 한다. 그런데 유치환은 깃발이 펄럭이는 모습을 소리 없는 아우성이라고 해서, 결코 사리에는 맞지 않는 말로 표현했다. 말 그대로는 옳지 않은 이야기지만 그 뒤에 들어 있는 감정과 상상이 뜻을 전달한다. 어떤 집단이나 생각을 상징하는 깃발이 거세게 펄럭이는 모습은 마치 누군가 큰 아우성을 내는 것처럼 강하게 뜻을 표현하고 있다. 비록 소리는 나지 않지만 소리를 내는 아우성과 비슷한 효과를 낸다는 뜻이다. 그런 뜻을 사리에 맞지 않는 역설로 표현한 덕택에 오히려 눈에 뜨이며 옳지 않은 것 같다는 이상한 느낌 때문에 한 번 더 독자 스스로 생각하게 만든다. 그래서 더 강렬한 느낌을 준다.

다양한 분야의 역설

많은 분야에서 '역설'이라는 이름이 붙어 있는 역설들은 거짓말쟁이의 역설의 변형판처럼 이야기 자체에 옳을 수 없는 이야기가 옳은 형태로 들어가 있다거나 한 것은 아니다. 논리적으로는 큰 문제가 없지만, 상식이나 고정관념으로 널리 퍼져 있는 이야기에서 벗어나는 이야기들이 역설이라는 이름을 달고 소개 되는 경우도 많다.

오래전부터 과학 분야에서 널리 알려져 있는 역설로 올베르스의 역설Olbers' paradox이 있다. 올베르스의 역설은 밤하늘에 별이 대단히 많다면 왜 밤하늘이 낮처럼 환하지 않은가, 하는 이야기다. 밤하늘에 별이 많다는 것은 옳은 말이다. 옛날에는 우주에 별이 무한히 많다고 생각한 사람들도 있었거니와, 현대에 우주를 관찰한 결과로도 맨눈으로 보이는 별의 숫자보다 훨씬 더 많은 별들이 우주에 퍼져 있다고 한다. 그렇다면 그 많은 별빛이 지구에 다 닿고 있는데, 그 빛을 다 모으면 상당한 밝기가 되어야 하지 않겠는가? 밤하늘이 온통 별로 뒤덮여 하얗게 빛나야 하지 않을까?

올베르스의 역설은 별이 대단히 많다는 사실과 실제 밤하늘은 어둡다는 사실을 같이 이야기한다. 별이 많으면 그 빛이 다 같이 모여서 밤하늘은 밝아져야 하고 어두운 현상이 일어나는 것 자체가 있을 수 없는데 실제로 일어나고 있으니, 평범하게 사리를 따져 나간 결과와는 다른 역설이 일어났다고 하는 것이다.

현대 과학은 별빛이 지구에 닿는 데는 그 속력의 한계가 있다는 점으로 올베르스의 역설을 풀이한다. 즉 별이 아주 멀리 있으면, 그 별의 빛이 지구에 닿기까지 시간이 오래 걸리기 때문에 지구가 탄생한 뒤 지금까지 시간이 흐르는 동안에도 별빛이 지구에 닿지 못했을 수 있다는 이야기다. 더군다나 최근의 우주팽창론에 따르면 우주의 크기는 점점 더 커지고 있고 다른 은하에 있는 먼 별들은 계속해서 멀어지고 있어서 점점 지구에 그 빛을 보내는 데 오랜 시간이 걸리게 된다. 그러니 별이 아무리 많아도 지구에 닿는 빛이 지금까지 얼마 되지 않는다는 점은 충분히 말이 된다.

올베르스의 역설처럼 본래는 사리에 맞지 않는 이야기로 보였지만, 무심코 잘못 생각하고 있었던 몇 가지 사실이 밝혀지면 그 역설이 해결될 수 있다. 과학이 발전해 새로운 사실이 밝혀진 후에 다시 모든 사실을 모아서 섬세하게 따져 보면 올베르스의 역설에서 더 이상 옳고 그름이 꼬여 있는 문제는 사라진다. 과학 발전에 의해 역설이 더 이상 "소리 없는 아우성"처럼 이상한 느낌을 주는 문제가 되지 못하는 것이다.

올베르스의 역설과 비슷하지만 조금 더 오묘한 과학 문

제로는 쌍둥이 역설twin paradox, 슈뢰딩거의 고양이 역설 Schrödinger's cat paradox, EPR 역설EPR paradox 같은 것들도 있다. 이들은 현대 과학에서 확인한 바에 따르면 옳다고 하는 사실들을 특별히 거스르지는 않는 문제이지만, 많은 사람들의 상식과는 어긋나기에 도저히 믿을 수 없는 이야기를 말한다.

쌍둥이 역설은 상대성이론에서 나오는 이야기다. 특수상대성이론에서는 빠르게 움직이는 물체 속에서는 시간이 천천히 간다고 한다. 예를 들어 우주정거장이 있고, 그 우주정거장에서 보니 우주 저편에서 엄청난 속도로 우주를 여행하고 온 것으로 보이는 우주선이 보였다고 하자. 우주선의 속도가 굉장히 빠르면, 우주선을 타고 돌아온 사람은 전체 여행을 하는데 2시간밖에 지나지 않은 것 같은데, 우주정거장에서 머무르고 있던 사람 입장에서는 30년 전에 떠난 우주선이 돌아온 것 같아 보일 수가 있다. 여기까지도 충분히 이상한 상황이지만, 그냥 신기한 시간 여행 이야기일 뿐 딱히 옳고 그름이 꼬이는 역설은 아니다.

역설은 반대 관점에서 문제를 볼 때 생겨난다. 우주선 안에 타고 있는 사람은 창 바깥만 내다 보고 있으니 자기가 움직인 것이 아니라 우주정거장이 움직였다고 생각한다. 이 사람 입장에서는 자기가 가만히 있었고 우주정거장이 엄청난 속도로 움직인 셈이다. 그러면 우주정거장에 있는 사람이 2시간밖에 지나지 않은 느낌이 들고, 우주선을 타고 있는 사람은 30년 정도 지난 느낌이 들어야 하지 않을까? 실제로 이런 일을 실험해 본다면 어떻게 될까? 우주선을 탄 사람은 30년이 지난 느낌이 들어야 하나, 2시간만 지난 느낌이 들어야 하나?

좀 더 철저한 쌍둥이 역설을 만들기 위해서는 문제를 더 복잡하게 고쳐야 하지만 핵심은 남아 있다. 보는 관점에 따라서 누가 움직이는지, 가만히 있는지는 달라질 수 있다. 사실 상대성이론에서는 그 문제를 중요하게 여긴다. 그렇다면 보는 입장에 따라 동시에 한 사람이 긴 시간을 경험하는 것 같기도 하고, 짧은 시간을 경험하는 것 같기도 하다는 뜻인가? 분명히 사람은 한 사람일 텐데 어떻게 그럴 수가 있는가?

상대성이론의 오묘한 점은, 이렇게 일어날 수 없을 것 같은 일이 일어날 것 같은 상황을 가정해 보고 막상 찬찬히 그런 일을 시도한다고 치고 따져 봐도, 특별히 그런 일이 발생하면 말이 들어맞지 않는 대목은 안 생긴다는 사실이다. 이런 일이 일어나지 않는다는 것을 확인하기 위한 실험 장치를 꾸며서 실험을 해 보면 실패하거나 오히려 그런 실험이 불가능하다는 결과가 나온다. 막상 계산하고 측정하고 실험해서 그게 문제라는 것을 밝히려고 하면 아무런 이상한 결과도 나타나지 않기에 상식적으로는 말이 안 되는 현상인 것 같지만 결국 역설이랄 것이 없는 상황이다.

슈뢰딩거의 고양이와 역설의 미래

슈뢰딩거의 고양이 역설은 좀 더 당혹스러운 문제를 다룬다. 어떤 고양이 한 마리를 상자 속에 넣어 둔다고 하자. 그 상자는 외부와 어떤 조그마한 연결도 되지 않도록 완전히 차단되어 있다. 고양이 울음소리가 바깥으로 새어 나오지 않는 것은 물론이고 고양이가 움직이는 진동도 전혀 느껴지지 않는다. 엑스레이 사진을 찍어서 고양이를 확인할 수도 없다. 다시말해 바깥세상과 상자 속의 고양이는 완전히 차단되어 있다.

얼마 후 상자를 열어 다시 고양이를 살펴보기 직전이 되었다. 사람은 시간이 흐르는 동안 혹시 고양이가 죽지는 않았을까 생각한다. 상식적으로 생각하면 고양이는 상자 속에서 죽어 있든 살아 있든 둘 중 한 가지 결과로 있을 것이다. 그리고 상자를 여는 순간 그렇게 정해져 있는 결과가 보일 것이다. 그런데 양자 이론에서는 이런 경우, 상자를 열기 전까지 정해진 것은 아무것도 없다고 친다. 외부와 어떤 영향도 주고받지 않았기 때문에 상자 속 세계에 무슨 일이 있었는지는 그 누구도 알 수 없고 그렇기 때문에 상자를 열기 전까지는 고양이가 살아 있든 죽어 있든 아무런 관계가 없다. 고양이가 살아 있거나 죽어 있는 것으로 정해지는 순간은 우리가 상자를 열어 그것을 확인하는 그 순간이라는 게 양자 이론의 바탕이다.

이게 말이 되나? 더군다나 상자 속의 고양이 입장에서는 도대체 무슨 일을 겪는단 말인가? 고양이 입장에서는 오히려 바깥세상 전체가 뚜껑이 열리기 전에는 어떻게 되어 있는지 알 수 없다. 그러므로 상자 바깥 전체가 정해지지 않았다는 이야기가 된다. 상자 뚜껑이 열리기 전에는 온 세상이 멸망해 있을 수도 있고, 아닐 수도 있다. 상자 뚜껑을 열고 고양이가 바깥세상을 볼 때 그것은 정해진다.

이것은 마치 내 방에서 문을 닫고 있는 동안 집이 통째로 머나먼 외계 행성으로 순간 이동 했다가 아무도 보지 못하는 동안 다시 되돌아왔다는 식의 이야기로 들린다. 그러나 양자 이론에서는 이런 식으로 고양이와 같은 관찰 대상에 대해 생각해도 별문제가 없다고 지적하며 오히려 그렇게 생각해야 더 계산이 잘 들어맞는다고 본다.

이렇게 언뜻 드는 생각을 너무나 초월하는 것 같은 배경 때문에 양자 이론의 근본 원리를 이해하는 방법에 대해서는 복잡하고도 깊은 이야기들이 대단히 많다. 어떨 때는 지나칠 정도라는 생각이 든다. 역설 같아 보이는 양자 이론의 근본 원리를 깊게 이해하면서 새로운 과학 연구의 신선한 발상을 떠올리려는 노력이 있기도 하지만, 반대로 괜히 신비로운 이야기를 아무렇게나 갖다 붙여, 양자 이론을 이용하면 우주를 초월하는 능력을 가질 수 있다는 식의 주장을 펼치는 사기꾼들도 생겨났다.

과학, 수학, 논리 분야의 역설은 이 외에도 다양한 것들이 있다. 예를 들어 EPR 역설은 상대성이론과 양자 이론을 결합하여 더욱 납득하기 어렵고 오묘한 역설 이야기를 꾸민 것이다. EPR 역설 역시 정말로 불가능한 현상은 아니라는 것이 중론이지만 도대체 EPR 역설을 어떻게 해설하는 것이 더 정확한가 하는 점을 두고는 최고의 과학자들 사이에서도 여전히 종종 논란이 일어난다.

역설은 가벼운 말장난에서부터 감성적인 예술의 표현과 과학 원리의 깊은 바탕까지 곳곳에 자리 잡고 있다. 그렇기 때문에 나는 역설이 우리 삶의 많은 영역을 돌아볼 수 있는 좋은 소재라고 생각한다. 역설은 우리가 쉽게 떠올리기 어려운 문제를 지적하는 것이므로 그것을 풀이하고자 노력하다 보면 새로운 지식을 발견하는 길잡이가 될 수도 있다. 너무나 당연한 이야기를 짚어 보는 것이 아니라 "그게 말이 돼?" 싶은 이상하고 알쏭달쏭한 이야깃거리를 짚어 간다는 점에서 역설은 지식에 흥미를 불어넣어 주는 길이기도 하다. 아닌 게 아니라 경제학, 경영학, 정치외교학, 사회학 등 다양한 분야에서 역설이라는 이름을 달고 있는 여러 가지 이야깃거리들은 수없이 넘쳐 났으며 지금도 여러 연구 분야에서 하나둘 새롭게 출현하고 있다. 그렇기에 역설을 통해 탐구해 볼 수 있는 세상일은 대단히 많다.

　나는 여러 분야의 역설을 유형과 원리에 따라 분류하고 분석해 보는 일이 앞으로 좀 더 발전해도 재미있을 것 같다는 생각을 해 본다. 실제로 옛 학자들은 깊은 역사와 전통을 갖고 있는 거짓말쟁이의 역설을 연구하면서 그 다양한 변형과 다채로운 표현을 발견하고 정리해 나갔다. 다른 역설도 그 뿌리와 갈래, 비슷한 역설과 특이한 역설을 종류별로 널리 엮어 볼 수 있다면 어떨까? 역설 자체의 연구로부터 새로운 역설을 발견하기도 하고 역설의 보다 깊은 의미를 알아내기도 쉬워지지 않을까?

맨더빌의 역설
Mandeville's paradox

이기심, 사치, 허영 같은 개인의 사악함이 사회 발전과 번영의 원동력이며 애타심, 선행 같은 개인의 미덕은 발전을 막아 사회를 가난하게 한다는 주장. 네덜란드 태생의 영국 의사이자 사상가 버나드 맨더빌Bernard Mandeville이 1714년에 저서 『꿀벌의 우화The Fable of the Bees』를 통해 밝혔다.

개인의 악덕, 사회의 이익

흔히 에밀리 뒤샤틀레 정도의 약칭으로 언급되는 프랑스의 과학자, 가브리엘 에밀리 르토늘리에 드브르퇴유 뒤샤틀레Gabrielle Émilie Le Tonnelier de Breteuil, du Châtelet 후작 부인은 뉴턴의 학설을 번역하고 해설하여, 뉴턴의 물리학이 학자들 사이에서 자리 잡게 하는 데 큰 공을 세운 사람으로 평가받는다. 보통 뉴턴의 물리학이 나오면서 근대 과학이 시작되었다고 보니까, 샤틀레 후작 부인은 세상에 과학이라는 것이 막 생겨나려고 할 때에 그 탄생 과정에서 중요한 역할을 한 인물이라 할 수 있을 것이다.

샤틀레 후작 부인이 한창 활동하던 18세기 초에는 아직 '과학Science'이라는 말이 널리 쓰이지도 않았고, 사람들이 과학을 별도의 학문 분야라고 생각하지도 않았다. 샤틀레 후작 부인은 물론 뉴턴조차도 자신이 연구하는 분야가 철학의 일종인 자연철학 분야의 고민이라고 생각했다. 그렇게 생각하면 샤틀레 후작 부인이 처음 본격적으로 했던 학술 작업이 『꿀벌의 우화』를 번역하고 해설했던 일이라는 사실도 크게 이상하지는 않다.

네덜란드 출신으로 영국에서 의사로 일했던 버나드 맨더빌이 쓴 책 『꿀벌의 우화』는 요즘은 주로 경제학에서 언급되는 고전이다. 그러나 당시에는 과학이 따로 떨어져 나온 학문이 아니었던 것처럼 경제학도 분리되어 있는 분야가 아니었다. 당시에는 이 책 역시 경제학 책이라기보다는, 철학이나 윤리에 관한 책으로 받아들여지는 경우가 많았다. 그러므로 샤틀레 후작 부인이 철학자로서 다루어 보기에 『꿀벌의 우화』는 어울릴 만한 책이었다. 그런데 묘하게도 그 내용은 뉴턴의 물리학이 과학으로서 충격적이었던 것만큼이나, 당시로서는 굉장히 충격적인 발상을 담고 있었다.

『꿀벌의 우화』는 부지런한 꿀벌들이 모여 서로 어울려 살아가는 광경을 묘사하면서 시작한다. 제목에도 '우화'가 달려 있는 만큼, 얼핏 보면 꿀벌처럼 부지런히 일하고자 노력하고 서로 돕기 위한 마음을 굳게 갖고, 여왕벌에게 복종하면서 충성스럽게 지내면 행복하게 오래오래 살 수 있다는 옛날 동화 같은 이야기를 하는 책이라는 첫인상을 받을지도 모르겠다. 그러나 『꿀벌의 우화』는 그런 내용이 아니다. 오히려 정반대의 이야기를 들려주고 있는 책이다.

이 책은 탐욕스럽게 살면서 허영심과 사치에 물들어 있는 몇몇 부유한 꿀벌을 묘사한다. 이들은 방탕하게 살기를 좋아하며, 자신이 얼마나 부자인지 증명하기 위해 온통 화려한 그림과 조각품을 주문 제작하여 집 안팎에 늘어놓고 자랑하기 위해 골몰한다.

어떤 꿀벌은 부자 꿀벌들을 보며 저렇게 허무하게 재물을 써 없애는 자들이 있다니 하며 한심하게 여기기도 한다. 그들은 부자 꿀벌들이 자신을 치장하기 위해 사들이는 현란한 예술품을 보면서 그런 자기 과시욕은 사악하다고 생각한다. 한편 이런 부자 꿀벌들은 다른 꿀벌들에게 영향을 끼쳐, 탐욕과 허영을 주위에 전파한다. 경박한 부자 꿀벌들을 보면서 몇몇 꿀벌은 '나도 저렇게 살고 싶다'는 욕망이 부추겨지는 것을 느낀다. 그렇기에 다른 꿀벌들도 점차 그 사치를 따라 한다. 그런 식으로 꿀벌들 사이에 허영심과 사치욕이 점점 더 퍼져 나간다. 어느 날 그 모습을 참다못해, 학식이 풍부하고 말을 잘하는 몇몇 꿀벌들이 나선다. 이런 낭비와 무절제는 꿀벌 사회를 망치는 해악이라고 주장하며, 이런 일을 금지하고 쫓아내야 한다고 말한다. 똑똑한 꿀벌들의 주장은 설득력을 얻어 간다. 결국 꿀벌들은 더 이상의 방탕을 멈추고 모두가 근검절약하며 엄숙한 마음가짐으로 매일의 일상을 도덕적으로 살고자 애쓰게 된다.

『꿀벌의 우화』의 핵심으로 시선을 끈 대목은 바로 그 다음 이야기다. 그렇게 다들 착한 마음을 먹고 살기 시작했는데, 어찌 된 일인지 꿀벌 사회는 오히려 점점 쇠퇴하기 시작한다. 꿀벌들은 갈수록 더 가난해지고, 꿀벌들이 갖고 있는 기술도 점점 퇴보한다. 쇠퇴하는 사회를 보고 놀란 꿀벌들은 더욱더 도덕적이고 윤리적이고 엄숙하고 절제하는 태도로 살아야 한다고 서로를 다그친다. 그래도 꿀벌 사회는 계속 기울어 간다. 꿀벌들은 더욱 가난해지며, 다른 곤충으로부터 벌집을 방어

할 재주도 줄어들고, 벌집을 수리할 여력도 사라져 간다. 과거에 꿀벌 사회에 탐욕과 사치가 넘칠 때는 그래도 그럭저럭 사회가 잘 돌아갔고, 꿀벌들이 갖고 있는 힘이 상당히 강한 편이었다. 그런데 다들 도덕적으로 살아 보려고 한 뒤로, 어쩐지 꿀벌들의 힘은 점점 약해지고 살림살이는 점점 더 힘들어지고 있다. 이것이『꿀벌의 우화』가 지적하는 역설이다.

자발적 이기심이 불러오는 미덕

도대체 왜 이런 일이 일어났을까? 부유한 꿀벌들이 허영심을 절제하게 되자, 그들은 재물을 함부로 사용하려고 하지 않는다. 화려한 그림으로 집을 장식하려 하지도, 거대한 조각상으로 자신을 자랑하려 하지도 않는다. 그러자 그림을 그리는 화가나 조각상을 만드는 조각가들은 직장을 잃는다. 화가와 조각가들이 직장을 잃자, 그 화가와 조각가들도 재물을 쓰지 못하게 된다. 그러면 화가와 조각가들에게 음식을 팔아 생계를 잇던 식당의 수입이 줄어들고, 식당의 수입이 줄어들면 식당이 그만큼 장사를 못 하니 식당에 재료를 팔던 농민들의 수입도 줄어든다. 이런 상황은 온 꿀벌 나라에 퍼져 나간다.

게다가 이런 일은 한번 벌어지기 시작하면 문제가 점점 더 심각해질 위험이 있다. 원래 그림을 잘 그리는 것이 장기였던 화가가 그림을 그려 먹고살지 못하게 되면 그는 다른 일이라도 하려 들 것이다. 예를 들어, 그는 물고기를 잡으러 나설지도 모른다. 그런데 원래 물고기 잡는 일은 그가 잘하는 일이 아니다. 그러므로 예전보다 훨씬 애쓰며 살지만 더 궁핍하게 된다. 동시에 그림을 그리던 사람이 엉뚱하게 물고기를 잡으러 나서는 바람에, 예전부터 물고기를 잡았던 어부들이 잡을 수 있는 물고기의 양은 그만큼 줄어들게 된다. 그러면 그 어부들조차 과거보다 가난해진다.

모두가 허영심에 차서 사치를 부리며 살고자 했을 때에는 이런 문제가 없었다. 다들 최대한 많은 재물을 벌어서 가장 신나게 쓰기 위해 일한다. 그렇게 하려면 자기가 재물을 가장 많이 벌 수 있는 일을 해야 한다. 재물을 많이 버는 일이란 다른 사람이 기꺼이 많은 값을 치르고자 하는 일이다. 자연히 그 일은 사회에서 가치를 인정받는 일이 된다.

누군가 물고기를 잘 잡는 재주가 있는 사람이고, 세상에 물고기를 반찬으로 먹기 위해 값을 치를 사람이 있다면, 그 사람은 당연히 열심히 물고기를 잡는 것이 재물을 벌기에 유리할 것이다. 그래서 그 사람은 많은 재물을 벌고자 하는 욕망 때문에 물고기를 잡는다. 그렇게 되면 물고기를 사는 사람 입장에서도 가장 물고기를 잘 잡는 사람이 쉽게 잡아서 싼값에 파는 물고기를 살 수 있게 된다. 어부가 '내가 물고기를 잡아서 많은 사람들의 밥맛을 돋우어 행복하게 해 주어야지' 하는 선량한 동기를 굳이 품지 않더라도, 그냥 자기가 잘살기 위해서 일하면 그게 서로에게 좋은 결과를 가져온다.

맨더빌은 『꿀벌의 우화』를 통해 바로 이 점을 보여 주려고 했다. 개개인은 이기적인 동기로 움직일 뿐이지만, 그것이 모이면 사회적으로는 오히려 미덕이 된다. 욕망에 충실하여 뜻대로 소비하고, 그와 같은 소비를 위해 가장 많은 재물을 벌 수 있는 길을 각자 찾으려고 노력하는 가운데 저절로 사람들은 세상에 가장 필요한 일을 스스로 찾아서 한다.

이런 내용은 경제학의 창시자로 존경받는 애덤 스미스 Adam Smith가 『국부론The Wealth of Nations』에서 제안한 사상과도 닮은 점이 있다. 『꿀벌의 우화』는 『국부론』에 앞서서 나온 책으로 『국부론』에 영향을 끼친 점도 있다고 인정받는다. 『꿀벌의 우화』가 사람의 탐욕이 모여 저절로 부강한 사회를 만드는 과정을 설명했다면, 애덤 스미스는 가격과 시장이라는 제도가 갖고 있는 '보이지 않는 손'의 힘이 사람의 행동을 자연스레 이끌기에 사회가 부유해진다고 설명했다.

두 이야기의 커다란 차이첨을 찾아본다면, 『꿀벌의 우화』는 극적인 효과를 위해 사람의 치졸한 동기를 일부러 강조한 것 아닌가 싶다. 그에 비해 애덤 스미스는 성실하게 일해서 부유해지고자 하는 개개인의 정직한 동기와, 누구나 평등하게 그 기회를 누릴 수 있어야 한다는 윤리를 같이 강조했다는 점이 눈에 뜨인다. 애덤 스미스의 생각은 개인의 자유를 멋대로 핍박하는 노예제도와 사람들에게 이유 없이 가해지는 차별을 지적하는 데에도 적용될 수 있었다. 그런 이유 때문에 맨더빌보다는 스미스가 역사에 더 큰 영향을 끼쳤고 많은 사람들에게 존경을 받게 된 것 아닌가 싶다.

맨더빌, 스미스 그리고 박제가?

맨더빌, 스미스 두 명의 사상가들과 함께 이야기해 보고 싶은 사람은 조선 후기의 사상가 박제가다. 박제가는 실학자로 분류되는 조선 후기의 학자들 중에서도 상업을 중시한 중상주의 학자로 알려진 인물이다. 그리고 그의 책 『북학의北學議』 또한 조선 후기 학자들의 책 중에서는 현대 한국에서도 꽤 많이 읽힌 편이다. 책의 내용도 비교적 널리 알려져 있다.

박제가가 1786년, 정조 임금에게 올린 글인 「병오소회丙午所懷」를 보면 이런 구절이 나온다.

"다른 나라는 사치로 인해 망한다고 하겠지만, 우리나라는 반드시 검소함 때문에 쇠퇴하게 될 것입니다."

이 주장은 『꿀벌의 우화』 속에 나오는, 탐욕이 가득한 벌집은 발전하지만 미덕을 퍼뜨리고자 하던 벌집은 쇠퇴한다는 이야기와 거의 같은 내용이다. 게다가 박제가의 글은 꿀벌을 주인공으로 하는 우화를 만들어 비유하며 설명하는 식이 아니라, 당시 조선 사회의 문제를 신랄하게 지적하며 그냥 대놓고 잘못된 점과 해결 방안을 밝혀 말하는 방식이다. 그렇기 때문에 박제가의 글은 『꿀벌의 우화』 이상으로 더 깊게 와닿는다.

『북학의』의 「내편」 중 '시정市井'이라는 대목에 따르면, 박제가는 이런 문제를 단순히 한 사람의 수입이 줄어드는 것뿐만 아니라, 그 과정에서 사회 전체의 기술 수준이 퇴보한다는 점에서 더 심각한 문제라고 설명한다. 박제가는 사람들이 검소하게 산다고 하여 비단옷을 입지 않으려 들면 비단을 짜는 사람이 없어질 것이고, 그러면 옷감 짜는 기술이 전반적으로 퇴보할 것이라고 설명했다. 뒤이어 만약 품질이 좋은 그릇을 좋아하여 뛰어난 그릇을 비싼 값으로 사는 사람이 없고 품질 나쁜 싸구려 그릇이라도 참고 사는 검소한 사람들만 있다면 그릇을 일부러 잘 만들려는 사람이 없어질 것이고, 그러면 그릇 만드는 기술 전체가 퇴보할 것이라고 설명한다. 나아가 그릇 만드는 기술과 관계되어 있는 여러 가지 모든 기술이 다 같이 쇠퇴하는 문제가 생긴다고 말한다. 예를 들어 그릇을 만들기 위한 재료인 흙을 캐는 기술이나, 그릇에 무늬를 새기고 색깔을 입히는 기술, 그릇에 바를 유약을 만드는 기술도 같이 쇠퇴할 것이다.

그다음에 벌어질 일을 한번 상상해 보자. 여러 가지 좋은 기술을 개발해도 돈 벌 길이 없어 기술 개발을 하려는 사람들이 점점 줄어들면, 나중에는 나라를 지키기 위해 정밀한 대포를 만들어야 한다든가, 무너지지 않는 튼튼한 건물을 짓기 위해 정확하게 나무와 돌의 치수를 재는 기술을 갖고 있는 사람조차 구하기 어려워지게 될 것이다. 다양한 기술이 이것저것 엮이며 같이 발전하지 못하는 사이에, 서서히 모든 기술이 쇠퇴해 버릴 것이다.

조선의 양반들이 싸구려 그릇, 싸구려 옷만 사서 쓰면서 그것을 검소한 삶의 태도라고 말하는 것은 그들 자신에게는 자랑스럽고 도덕적인 일일 수 있다. 하지만 그런 식으로 세월이 지나가면 그 양반들 덕택에 결국에는 쉽게 허물어지는 집

Saint Wolfgang and the Devil

Michael Pacher, 1471~1475
Oil on Panel, 103×91cm
Alte Pinakothek, Munich

을 짓는 기술만 남게 되고, 허술한 무기만 갖게 된다. 그리고 그 때문에 결국은 나라의 국력이 약해져 멸망에 가까워진다.

반대로 생각하면 놀이나 사치, 쾌락과 허영을 위해서 소비하는 행위가 기술 발전에 꾸준히 기여하게 되어 결국 나라를 발전시킨다는 생각도 해 볼 수 있다. 실제로 이런 사례를 찾기란 크게 어렵지 않다. 예를 들어 요즘 전기자동차나 에너지 저장장치에 널리 사용되는 리튬이온배터리는 기후변화 문제를 해결하는 데 기여하는 기술로 큰 인기를 모으고 있다. 그런데 리튬이온배터리는 '기후변화 문제를 해결하는 배터리를 만들어 지구를 구하겠다'는 목적으로 모든 것을 희생해 연구한 도덕적인 학자 한 명 때문에 발전한 것이 아니다.

리튬이온배터리가 처음에 나왔을 때에는, 주로 휴대용 전자 제품이나 음악 기기용 배터리로 개발되어 팔려 나갔다. 카세트 테이프 재생기, CD 플레이어, MP3 플레이어, 휴대전화용으로 쓰일 수 있는 배터리였다. 이런 기계를 들고 다니며 신나는 음악을 듣고 싶었던 10대들이 배터리가 더 오래가는 제품을 사기 원했고, 전자 제품 회사들이 그런 제품을 만들어 팔아서 돈을 벌고 싶어 했기 때문에 리튬이온배터리 기술은 꾸준히 발전할 수 있었다. 그렇게 다른 이유로 기술이 빠르게 발전하다 보니, 어느새 기후변화를 줄이기 위한 전기자동차 기술까지 활용할 수 있게 된 것이다.

따라서 박제가는 발전의 방향과 거꾸로 가는 조선 후기 양반들의 윤리 의식을 거세게 비판했다. 『북학의』의 '상매商買'라는 대목에는 양반들이 아무리 가난해도 장사는 하지 않는다는 비난이 나온다. 조선의 양반들은 원래 성리학으로 대표되는 고상한 철학 속에서 사람의 도리에 대해 연구하는 것을 가장 멋진 일이라고 생각하는 문화를 갖고 있었다. 그러다 보니, 더 많은 수익을 남긴다는 목표를 중시하는 상업은 수치스러운 일이라 생각하는 사람들이 많았다.

박제가는 양반들의 이런 고상한 도덕 때문에 상업이 몰락했고, 그래서 나라 안에 있는 물건이 돌지 않아 사람들은 한 지역에서는 남아도는 물건을 다른 지역에서는 비싼 값을 치르고야 겨우 살 수 있는 문제가 생겼다고 보았다. 나아가 돈 벌려고 장사하며 물건을 팔러 다니는 사람이 없으니, 무슨 일을 할 때든지 꼭 필요한 물건을 제때, 제값에 구하지 못하게 되었다고 했다. 그 결과 모든 산업이 전반적으로 발전할 수 없게 되었다는 것이다. 박제가는 조선이 너무나 가난하고 조선의 기술이 뒤떨어지게 된 것도 바로 그 때문이라고 강조했다. 그는 심지어 「병오소회」에서 이런 양반들을 일컬어 "놀고 먹는 자들"이며 "나라의 큰 좀벌레"일 뿐이라고 심하게 욕할 정도였다.

박제가가 당시의 양반들을 이렇게까지 큰 문제로 생각한 것은, 결국 그것이 다른 사람들에게도 피해를 끼치게 된다고 보았기 때문이었던 것 같다. 박제가는 돈을 버는 데 신경을 쓰지 않는 양반들은 결국 어떻게든 다른 사람들에게 얹혀살면서 짐이 되기 마련이니 해가 된다고 보았다. 그게 아니라면 몇 되지도 않는 벼슬자리를 얻기 위해서 지나치게 심한 경쟁을 하게 되어 정치 다툼이 극심해지는 문제도 있었다. 그러니 맨더빌의 방식으로 박제가의 주장을 풀이한다면, 조선의 양반들은 위선을 벗어 던지고 오히려 돈을 벌기 위해 맹렬히 장사를 해야 하고, 그렇게 돈을 벌어 멋진 옷을 사고 집을 아름답게 꾸미기 위해 그 돈을 사치스럽게 펑펑 써야 한다. 그것이 조선의 경제를 발전시키고 나라의 기술을 발전시키는 방법이다.

재미난 것은 『꿀벌의 우화』가 나온 시점인 1714년과 『북학의』가 저술된 1781년이 그렇게 먼 시대가 아니라는 점이다. 비슷한 시기에 비슷한 생각을 떠올린 사람이 우연히 유럽의 서쪽 끝과 아시아의 동쪽 끝에 동시에 출현한 것일까? 박제가가 조선의 한계를 초월할 정도로 상당히 앞선 생각을 빨리 품었다는 뜻일까?

나는 박제가가 정말로 맨더빌의 『꿀벌의 우화』에서 간접적인 영향을 받았을 가능성을 상상해 보기도 했다. 『북학의』에는 유럽의 선교사들과 상인들을 받아들여 적극적으로 교류를 하자는 주장도 꽤 많은 분량으로 실려 있다. 그렇다면 박제가가 그만큼 유럽의 문물에 관심을 갖고 있었다는 뜻이다. 마침 『꿀벌의 우화』는 출간 후 유럽에서 사악한 삶의 태도를 권장하는 책이라며 혐오하는 사람들이 있었기에 소동이 일어나 오히려 이름이 널리 알려진 책이다. 그렇다면 『꿀벌의 우화』 이야기가 60여 년의 세월 동안 전해지고 또 전해져서 박제가에게까지 와 닿았을 수도 있지 않을까?

오늘날 꿀벌들에게 필요한 지혜는?

맨더빌이 『꿀벌의 우화』를 통해 제기한 문제 중 일부는 현대에도 유의할 필요가 있다고 인정된다. 가장 자주 언론에 등장하는 것은 저축률이 지나치게 높을 때 발생하는 경제 불황이다.

열심히 일해서 번 돈을 바로 쓰지 않고 착실히 저축해 두는 것은 개인으로서는 존경할 만한 미덕이다. 그런데 세상 사람들이 모두 돈을 안 쓰고 저축만 하려고 든다면, 반대로 누군가에게 물건을 팔아 돈을 벌어야 살 수 있는 사람들은 그만큼 돈을 벌기 어려워진다. 예를 들어 사회에서 어느 정도 자리 잡아서 많은 돈을 벌고 있는 40대, 50대가 소비하지 않고 아끼기만 한다면 20대, 30대에 새로 사업을 열고 돈을 벌기 위해 뛰어든 젊은 사람들은 자기 제품을 살 사람들이 그만큼 줄어드는 일을 겪게 된다. 사회 전체로 보면 돈을 잘 버는 40대, 50대가 있지만 그들은 돈을 벌어서 알뜰히 자기 금고에만 넣어 두고 있기에, 나중에 등장해 사업을 해 보려는 사람들은 그만큼 돈 벌 기회가 줄어든 가난한 삶을 살 수밖에 없다.

1997년 말부터 시작된 IMF 사태야말로 이런 일이 한국에서 극적으로 벌어졌던 사건이었다. IMF 사태는 6·25 전쟁 이후 대한민국 경제에서 지금껏 가장 큰 위기였던 사건이다. 그런데 그로부터 불과 몇 년 앞서, 1990년대 초만 하더라도 한국인들의 사치와 과소비가 심해졌다고 지적하는 보도가 굉장히 많이 나왔다. 한 언론사를 통해 보도된 "한국인들은 너무 일찍 샴페인을 터뜨렸다."라는 어느 외국인의 평은 대단히 많이 반복되며 여기저기에서 인용되어 거의 유행어라고 할 수 있을 정도였다.

그렇다 보니 IMF 사태가 벌어진 직후 이러한 경제 위기의 원인이 사치와 과소비가 아니냐는 생각이 빠르게 퍼졌던 것 같다. 그러면서 사치와 과소비가 죄악이라는 생각이 굳건해졌다. 뿐만 아니라 워낙에 경제가 어려웠던 상황이라 부유한 사람들 사이에서도 이러다가는 나도 언젠가 망할지 모른다는 생각이 돌기 시작해서 소비를 많이 하는 사람이 점차 줄어들기도 했다. 힘겹고 가난하게 살 수밖에 없는 시대라는 분위기도 있어서, 무엇인가를 소비하며 즐기는 것이 비난받는 듯한 느낌도 있었다. 그래서 IMF 사태 직후에는 다들 절약하며 살아야만 한다는 생각이 그 전보다 훨씬 강해졌다. 그리고 사회 전체로는 이것이 매우 골치 아픈 문제가 되었다.

경제 위기 중에 미래를 대비하기 위해 검소하게 살며 저축한다는 것은 한 사람, 한 사람에게는 미덕이다. 그런데 온 세상이 다 같이 그렇게 돌아가면, 물건을 사 줄 사람들의 숫자가 그만큼 줄어들기 때문에 물건을 파는 사업으로 돈을 벌어야 하는 사람들은 수입이 줄어들 수밖에 없다. 가뜩이나 경제 위기 때문에 힘든 상황에서 소비가 줄어 장사가 안 되면 사업가들, 자영업자들은 더욱 큰 고통을 겪는다. 업친 데 덮친 격으로, 경제 위기 때문에 실업자가 된 사람들이 각자의 사업을 새로 많이들 시작했을 테니, 다른 사람의 소비로 돈을 벌어야만 하는 사람들의 숫자는 늘어나고 있는 상황이다. 그렇게 경제가 더 어려워지면, 사람들은 더 아끼면서 살자고 오히려 저축을 늘리기 십상이다.

그 시절 한국의 TV 공익광고 중에 지금도 기억나는 것이, 시청자들에게 제발 각자 보람찬 용도를 찾아서 돈을 좀 쓰고 살라고 부탁하는 내용이었다. 한국 경제 당국자들이 IMF 시절의 대한민국이 『꿀벌의 우화』에 등장하는 거대한 벌집이 되어 가고 있다는 사실을 직감하고, 어떻게든 그것을 막기 위해 하다 하다 그런 TV 광고까지 만들었던 것이다. 불과 몇 년 앞서서, 샴페인을 터뜨리며 과소비를 하는 것은 너무나 나쁜 일이라고 그러지 말자고 권하던 공익광고를 보았던 기억이 선명한데, 정반대의 주장을 보다니 세상 참 혼란스럽기는 하구나 하는 생각이 들었다.

맨더빌의 역설에서 가장 어려운 문제는 어디까지나 이것은 사회 전체에 대한 분석 결과이며 개인에 대한 분석 결과는 아니라는 점이다. 지금까지와는 반대 관점에서 생각해 보자. 욕망과 탐욕에 충실하며, 그 사리사욕을 위해 온통 애쓰는 삶이 사회의 경제 발전을 위해서는 상당히 도움이 될 수 있다. 그러나 개개인의 삶이 결코 그것만으로 윤택해질 수는 없다.

사치가 한 나라의 경제를 발전시키는 효과를 줄 수는 있겠지만, 나의 공허한 마음을 채워 줄 수는 없다. 허영으로 인한 소비가 기술을 발전시키는 데 기여할 수는 있겠지만, 그것으로 다른 사람들의 신실한 존경을 받을 수 있는 것도 아니다. 엉뚱하게도 맨더빌은 도둑과 강도가 있어야만 경찰도 직업을 유지할 수 있다고 설명했다. 검사와 판사도 할 일이 있어야 직장을 유지할 수 있고 그래야 그 사람들이 물건을 사서 쓰며 다른 사람들의 사업도 돌아가게 할 테니 경찰, 검사, 판사에게 일을 만들어 주는 도둑과 강도도 경제에서 차지하는 역할이 있다는 말이다. 아무리 그렇다고 해도, 한 사람의 삶을 놓고 보면 도둑질을 하면 경제 발전이 기다리고 있는 것이 아니라 감옥이 기다리고 있을 뿐이다.

그렇기에 개개인의 삶을 사는 입장에서는 맨더빌의 역설을 자기 삶의 방향으로 여기며 그대로 따르기만 해서는 안 된다. 개인의 삶이 모여 결국 사회의 삶이 된다는 점을 생각해 보면, 이것은 사회에서 개인에게 탐욕스럽게 살라고 모든 구성원들을 교육해서는 안 된다는 뜻이기도 하다. 그렇다면 도대체 사회는 그 구성원들에게 탐욕스럽게 사는 게 좋다고 선전해야 하는가, 반대로 도덕적이고 금욕적으로 살아야 한다고 강조해야 하는가?

결국 탐욕스러운 부자들과 도덕적인 양반들, 그 사이의 어느 정도에서 옳은 일과 잘못된 일, 해야 할 일과 하지 말아야 할 일을 어떻게 판단해야 하는지 알아 나가는 것이 꿀벌에게 정말로 필요한 지혜였을 것이다.

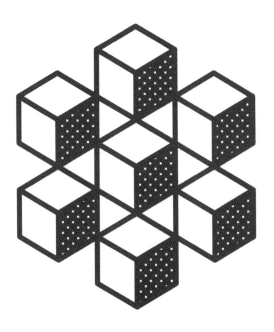

애빌린의 역설

Abilene paradox

미국의 경영 전문가 제리 하비Jerry Harvey가 1974년에 소개한 용어로, 집단의 구성원 각자가 다 원하지 않는 방향의 결정인데도 결국 모두 함께 그 결정에 동의하는 현상. 자기 의사가 소수 의견이라고 생각해 이의 제기를 못 한 채 동의하는 상황을 이른다.

우리, 애빌린에 가 볼까?

애빌린은 원래 미국 텍사스주에 있는 도시 이름이다. 애빌린의 인구는 10만 명 정도로, 평범한 중소 도시라고 할 수 있다. 땅이 넓고 미개발 지역이 많은 텍사스를 기준으로 놓고 비교하면 애빌린이 조금은 특징이 있는 도시라고 할 수도 있겠지만, 인구가 조밀한 한반도나 중국 해안 지역 사람의 기준으로 보면 아무래도 이곳은 아무것도 없는 허허벌판에 위치한 도시로 보일 수밖에 없다.

이 도시에 관해 인상적인 점을 굳이 말해 보라면 꽤 큰 미사일 기지가 있다는 정도가 아닐까. 군대라고 하면 제복을 입고 행진하는 보병들의 무리나 거대한 항공모함이나 대형 전투기를 떠올리기 쉬운데, 막상 전 세계를 멸망으로 몰고 갈 가장 치명적인 전쟁이 벌어지면 주역이 되는 것은 그런 화려한 무기가 아니라 미사일 기지에 숨겨져 있다가 발사되는 밋밋하게 생긴 핵미사일들이다. 미사일 기지를 건설하기 좋은 장소를 찾는다면 땅값이 싸고 거대한 시설을 짓기에 특별히 고민할 거리가 없는 빈터가 많은 곳이 유리하다. 그렇다면 미사일 기지가 있다는 사실조차 사실은 애빌린이 그냥 빈 벌판이라는 의미다.

도대체 왜 이런 눈에 뜨일 것 없는 애빌린을 역설의 이름으로 삼았을까? 그런 이름이 붙은 이유부터가 꽤나 역설적이다. 대개 지명을 딴 학술 이론의 이름은 독특한 개성이 있는 지역의 이름을 따오기 마련이다. 예를 들어, 과학 계산에서 확률을 중시하는 특별한 계산 방식인 몬테카를로 기법은 몬테카를로에서 도박이 발달했다는 점에 착안해서 붙인 이름이다. 경제학의 시카고학파나 양자 이론의 코펜하겐 해석 같은 이름은 그 분야 연구를 하던 학자들이 활발히 활동하던 학교가 해당 도시에 있다는 사실 때문에 붙은 이름이다. 위상수학이 처음 시작되던 시기에 나온 쾨니히스베르크의 다리 건너기 문제 역시 과거 쾨니히스베르크라고 부르던 도시의 강에 물길이 복잡하여 다리가 많았기에 붙은 이름이다. 다들 개성과 특징, 중요한 시설이 있고 그 때문에 이름을 사용했다.

그런데 애빌린에는 그런 특징 될 만한 것이 없다. 애빌린의 역설은 핵미사일 기지와도 아무 상관이 없다. 애빌린의 역설을 연구하는 학자들이 애빌린에 많이 사는 것도 아니다. 애빌린의 역설이라는 말과 애빌린과의 관계를 굳이 찾아본다면 도리어 애빌린은 이름을 붙일 만한 별 이유가 없다는 사실과 상관이 있다고 해야 한다.

애빌린의 역설은 다음과 같은 이야기에서 나온 이름이다. 미국 텍사스주의 콜맨이라는 곳에 어느 가족이 있다. 여름날 오후, 가족은 한가롭게 시간을 보내고 있었다. 그런데 갑자기

장인어른이 85킬로미터나 떨어진 애빌린에 저녁을 먹으러 가면 어떻겠냐는 말을 꺼낸다. 그 말을 듣고 부인은 "괜찮은 생각이네요."라고 말한다. 남편은 더운 날씨에 가족들이 모두 좁은 차에 타고 85킬로미터나 되는 거리를 왔다 갔다 하면 너무 힘들겠다고 생각한다. 그렇지만 모처럼 장인어른과 부인이 동의한 주장에 혼자 강하게 반대하면 자기가 분위기를 못 맞춰 준다고 생각할까 봐 이렇게 말한다. "저도 찬성입니다. 장모님만 찬성하신다면, 우리 애빌린에 가지요." 그러자 장모님은 "나도 찬성이야. 오래간만에 애빌린에 가 보네."라고 말한다.

그렇게 해서 이 가족은 애빌린에 다녀오게 된다. 4시간이나 걸려서 애빌린에 힘들게 갔지만, 애빌린이 뉴욕의 휘황찬란한 거리나 마이애미 해변의 아름다운 경치가 있는 곳도 아니고 그냥 적당한 음식을 파는 적당한 가게가 있을 뿐이다. 늦은 시간 지쳐서 먹는 음식은 맛이 있는지 없는지도 모를 정도였다. 그러고 나서 다시 텍사스의 더위를 뚫고 밤이 깊어서야 숙소로 돌아오니 녹초가 될 지경이다.

너무 힘들어서 쓰러질 것 같았던 장모님은 집에 와서 소파에 앉으며 진심을 고백한다. "나는 사실 이 더운 날씨에 그냥 집에서 쉬는 게 더 좋을 것 같았어. 너희들이 다들 가고 싶어 하기에 그냥 따라나선 거야." 그러자 남편이 말한다. "저는 그렇게 긴 시간 운전해서 가는 건 힘들 거라고 생각했지만, 워낙 가고 싶어 하는 것 같아서 반대하지 않은 거예요." 부인은 부인대로 "난 당신 좋으라고 가자고 한 건데."라고 말한다. 그러자 장인어른은 어깨를 으쓱 올리는 몸짓을 하며 이렇게 말한다. "나는 그냥 다들 심심해하는 것 같기에, 재미 삼아 해 본 말이었어. 나라고 뭘 그렇게 애빌린에 가고 싶었겠어."

이 이야기는 다들 동의하여 모두가 만장일치로 결정한 일인 것 같지만 사실은 알고 보면 그 누구도 별로 원하지 않았던 방향으로 의사결정이 이루어질 수 있다는 사실을 보여 준다. 여기서 애빌린은 특별히 나쁜 곳은 아니지만 그렇다고 굳이 무리해서 갈 이유도 없는 그냥 허허벌판에 있는 장소다. 바로 그렇게 별 특징이 없다는 이유로 이야기의 배경으로 잘 들어맞는다.

의견이 왜곡되는 회의의 비밀

애빌린의 역설은 1974년 경영학 연구자 제리 하비라는 사람이 이 이야기를 자신의 논문에 '애빌린의 역설'이라는 이름으로 소개하면서 탄생했다. 어지간히 유명한 사람의 발언이나 많은 주목을 받는 언론 매체에서 잘 알려진 사연이 아닌 다음에야, 이렇게 굳이 새로 이름을 붙여 글 한 편에서 사용한 말이 정착해서 오래도록 쓰이기란 쉽지 않다. 그런데 경영학 논문에 등장하는 이름이 이렇게까지 세계에 널리 알려진 것을 보면 이 이야기가 일반인들로부터 널리 공감을 얻은 것 같다. 의사 결정과 조직의 협의에 대해 연구하는 학자들뿐 아니라, 특별히 경영학 이론에 관심이 없는 보통 사람들도 살다 보면 애빌린의 역설에 등장하는 상황을 한두 번쯤 겪을 것이다. "맞아, 나도 그런 적 있는데.", "이런 현상을 일컫는 이름이 있었구나."라면서 사람들 사이에 애빌린의 역설이 이야깃거리로 널리 퍼져 나간 것 아닐까?

애빌린의 역설 같은 일이 도대체 왜 생길까? 가족 간의 우스운 일화 정도로 그친다면 다행이겠지만, 이런 일이 사회 여러 곳에서 자주 발생한다면 여러 사람의 의견을 모아 결정하는 회의와 토론의 뿌리를 뒤흔드는 문제가 된다. 많은 사람이 모여 회의를 하는 이유는 여러 사람의 생각이 반영되면 더 옳은 결정을 할 확률이 높아질 것이고, 최소한 더 많은 사람을 만족시키는 결정을 할 확률이 높아진다고 보기 때문이다. 그런데 애빌린의 역설이 일어나면 엉뚱하게도 모두가 싫어하는 일을 전체의 의견으로 내세우게 된다. 회의와 토론의 장점은 사라져 버린다. 이런 문제가 심각해지면 민주적 의사 결정의 장점이 없어진다. 민주주의는 무너질 것이다.

애빌린의 역설이 발생하는 방식을 따질 때 가장 자주 지목되는 원인은 사람들이 권위에 쉽게 복종하는 경향이 있다는 사실이다. 사위가 장인어른의 눈치를 보았기 때문에 싫으면서도 찬성하는 것처럼 말했다는 이야기다. 단, 그렇다고 해서 애빌린의 역설이 높은 사람의 말이면 무조건 따르는 맹목적인 성향이 있어야만 일어나는 현상은 아니다. 또한 반드시 하급자를 복종시키려 하는 독재자 같은 인물이 없더라도 애빌린의 역설은 일어난다. 대부분의 사람이 갖고 있는 평범한 성향만으로도 애빌린의 역설은 충분히 발생할 수 있다.

어떤 모임에서 소풍을 가기 위해 장소를 의논한다고 생각해 보자. 대부분의 사람들은 가까운 강변 공원 정도 되는 곳에 가면 좋다고 생각한다. 그런데 모임의 상급자는 무심코 자신이 주말마다 오르던 북한산에 올라가자고 제안한다. 이 상급자는 꼭 북한산에 가야 한다고 생각한 것은 아니다. 딱히 고집이 강한 사람도 아니었다. 게다가 소풍은 모두가 가기 원하는 곳에 가야 한다고 생각하고 있었다. 따라서 북한산이 아닌 다른 곳에 가고 싶다는 의견이 나오면 얼마든지 장소를 바꿀 생각도 있었다. 그런데 모임에서 두 번째로 높은 사람이 두 번째로 의견을 발표하면서 "저도 북한산에 동의합니다."라고 말한다. 두 번째 사람은 별달리 가고 싶은 곳이 없었다. 북한산에 가고 싶어 하지도 않지만 딱히 가기 싫지도 않았다. 그래서 굳이 "북한산은 가기 싫습니다."라고 말할 바에야, 상급자의 의견에 동의하는 편이 낫다고 생각한 것이다. 이렇게 되면 세 번째 사람부터는 사실 북한산에 가는 것이 탐탁지 않아도 자신의 의견을 그대로 말하는 데 조금씩 어려움을 느끼게 된다. 이미 조직의 최상급자와 두 번째 상급자가 동의한 의견이 북한산이다. 그 두 사람은 이 모임을 운영하는 데 가장 많은 경험을 갖고 있으며, 인생을 산 경험도 많다. 세 번째 사람은 자연히 자신이 상급자 두 명의 의견에 반대할 정도라면 꽤나 강한 근거가 있어야 한다고 생각하기 쉽다. 그런 생각이 마냥 틀렸다고 보기도 어렵다.

북한산보다는 그냥 동네 공원에 가고 싶은 게 본심이지만, "북한산보다 동네 공원이 훨씬 좋다." 하고 반대 의견을 강하게 내세우며 설득할 만한 자신은 없다. 그렇다면 굳이 "북한산은 안 된다."라는 주장으로 가장 높은 두 사람의 반대편에 서기보다는, 그냥 자기 의견을 숨기고 "저도 북한산 괜찮은 것 같습니다." 정도로 말하고 만다. 이런 식으로 흘러가면 네 번째, 다섯 번째 사람은 이미 세 명, 네 명이나 동의하고 있는 일을 혼자 반대하기란 더 어려워지므로 자기도 그냥 찬성한다.

회의가 계속되면, 얼마 후에는 이미 전체 의견이 북한산으로 굳어졌다는 생각이 들게 된다. 혼자 반대해 봐야 의견이 뒤집힐 것 같지도 않다. 그렇다면 굳이 반대하는 사람으로 나서서 높은 사람들 눈에 뜨이기보다는 그냥 찬성하는 편이 낫다고 판단한다. 나중에는 "이렇게나 다들 북한산에 가는 것을 바라고 있다니, 분명히 북한산이 최고의 소풍 장소가 될 만한 무슨 이유가 있겠지. 아니면 정말 우리 모임의 대장이 북한산에 간절히 가고 싶어 하든지."라고 생각하게 된다.

이렇게 해서 사실은 그렇게 믿을 명확한 원인이 없는데도, 많은 사람이 찬성하는 추세가 생기기 시작하면 그 이유만으로 막연히 전체가 동의하게 되기 쉽다. 여러 사람이 동의하기 시작하면, 사회에서 다른 사람들과 어울려 살아가려는 사람들은 어지간하면 그 흐름을 거스르기가 점차 어려워진다. 이렇게 해서 아무도 북한산에 가고 싶어 하지는 않지만, 전원이 북한산에 가는 데 찬성해 버리는 일이 발생한다.

권위와 복종이 심해질 수 있는 조건이 덧붙으면 애빌린의 역설이 일어날 수 있는 확률은 더욱 높아진다. 많은 사람의 의견에 특이한 소수가 다른 의견을 내기 어려운 문화가 있다거나, 다수와 다른 의견이나 다수와 다른 사람을 골칫거리 취급하는 성향이 있는 사회라면, 이처럼 별로 의도하지도 않은 의견으로 전체 의견이 기울어지는 현상은 더 쉽게 일어날 것이다. 눈치 보기나 분위기를 맞추는 문화가 지나치게 강한 조직도 마찬가지다.

상급자가 지나치게 강한 권위를 갖고 있거나, 권위를 행사하는 방식이 너무 넓을 때에도 문제는 심각해진다. 마음에 안든다는 이유로 학생의 성적을 낮게 매길 수 있는 권한을 모두 갖고 있는 교육자라거나, 평소 거슬리는 팀원을 회사가 어려울 때 자기 뜻대로 해고시킬 수 있는 팀장이 있다고 해 보자. 그 사람이 별생각 없이 "북한산으로 소풍 가면 어때?"라고 말했다 하더라도, 사람들은 만에 하나 그 사람이 정말로 북한산에 가고 싶은 마음이 강한데 거기에 반대했다가 미움받으면 불이익을 당할까 봐 다른 의견을 말하기 쉽지 않다.

한국에서 옛날부터 내려오던 농담 중에 이런 문제를 정면으로 지적하는 이야기가 하나 있다. 회사에서 팀장이 팀원들에게 점심을 사기로 한다. 팀장은 "먹고 싶은 것은 뭐든지 마음대로 시키라."고 말한다. 그래 놓고 팀장이 "나는 짜장면."이라고 말하면, 아무리 마음대로 아무 메뉴나 시키라고 한들 다른 사람은 눈치가 보여 다들 짜장면을 시킬 수밖에 없다. 설령 팀장이 정말로 모든 팀원들에게 어떤 음식이든 사 줄 생각이었고, 자신은 그날따라 짜장면이 굉장히 먹고 싶어서 짜장면을 고른 것일 뿐이었다고 하더라도, 팀장이 가장 값싼 짜장면을 먹으니 한국의 회사 문화에서는 눈치를 볼 수밖에 없다는 것이 이 농담의 핵심이다.

이런 일은 한국의 점심 식사뿐만 아니라 모든 나라의 모든 회의에서 발생할 수 있다. 신제품에 어떤 기능을 추가할 것인가, 어떤 무기를 새로 도입해 배치할 것인가, 앞으로 우리나라를 발전시키기 위해서 어떤 도시에 투자할 것인가, 같은 굵직굵직한 문제를 이야기할 때에도 애빌린의 역설은 발생할 수 있다.

그래서 사람들은 여러 사람의 의견을 모을 때 이런 문제가 생기지 않는 방법을 찾고자 노력한다. 단순하게는 의견을 말하는 순서를 바꾸어 상급자가 아니라 하급자부터 의견을 말하는 방식도 있고, 문서로 의견을 작성해서 동시에 뜻을 밝히거나, 이름을 밝히지 않고 익명으로 의견을 받는 방법도 있다. 회의에서 다양한 의견을 낸다는 것이 그 사람에게 피해로 돌아오지 않도록 최대한 보장하고 독려하는 방법도 필요하다. 무엇보다도 모두가 동등하게 상대를 인정하는 위치에서 소수를 핍박하지 않고, 나와 다른 의견이라도 충분히 듣고자 하는 문화가 자리 잡도록 해야 한다.

침묵의나선과 익명 게시판

이런 노력이 실패하면 민주주의는 엉뚱하게 왜곡될 수도 있다. 몇몇 사람이 우리나라와 사이가 좋지 못한 어떤 나라를 너무 미워해서, 당장 그 나라 출신 사람들을 모두 추방해야 한다고 격렬하게 주장하는 상황을 상상해 보자. 대부분의 한국 국민들은 그 정도로 그 나라 사람들을 미워하지는 않는다. 하지만 워낙에 강한 주장을 펼치는 사람들이 있다 보니, 그럴 수도 있겠지 싶어 강한 반대 의견을 내놓는 사람들은 없다. 그러면 추방 의견을 지지하는 사람들 입장에서는 반대하는 목소리도 별로 안 들리니 대부분 자기 편이다 싶어 더 강하게 의견을 주장한다.

이런 식으로 흘러가면 점차 그 의견에 관심이 있는 사람은 늘어 가게 되고, 언론이나 매체에서도 외국인 추방 의견을 다루고 보도하기 시작한다. 그런 식으로 사람 숫자가 늘어나면, 별 의견이 없던 사람들도 추방 의견에 점차 관심을 갖고 따르게 된다. 그러다가 "외국인 추방 의견에 반대하면 매국노, 역적이다."라고 외치는 사람들이 일정 수준 이상으로 많아지면, 겁이 나서라도 그 의견에 반대하기란 어려워진다. 정말 반대하고 싶은 사람도 겁이 나서 겉으로 반대 주장을 강하게 발표하지 못한다. 대다수의 국민들은 원래 별 의견이 없었지만, 시간이 지나는 사이에, 전 국민이 모두 추방 의견을 지지하는 것 같은 분위기에 빠져 버린다.

이런 현상을 일컬어 '침묵의나선'이라 한다. 이상한 의견에 동의하는 사람이 많지는 않더라도, 동의하는 이의 주장에 반대하는 목소리가 없는 상황에서 동의하는 이의 숫자가 조금씩 늘어나기 시작하면, 나선 모양의 도형이 뱅글뱅글 돌며 점점 크기가 커지듯이 점차 그에 반대하는 목소리를 내기 어려워진다는 의미다. 그리고 반대하기가 어려워지니 주장에

Meeting of Thirty-Five Heads of Expression

Louis Leopold Boilly, 1825
Oil on Wood, 19×40cm
Musee des Beaux-Arts, Tourcoing, France

동조하는 목소리는 더 커지고, 그러면 다시 반대하기는 더 어려워지는 현상이 점점 심해진다.

사회에서 침묵의나선을 없애려면 다수 의견처럼 보이는 의견이 있다고 하더라도 그와 다른 의견을 쉽게 주장할 수 있는 통로가 필요하다. 예를 들어, 인터넷을 이용하면 누구나 자신의 신분을 숨기고 여러 사람에게 의견을 제시하기 쉽다. 지금 사회에서 갑자기 유행처럼 퍼지는 이상한 움직임에 대해 "그것은 사실 옳지 않다."라고 주장하기 편리하다. 만약 익명 인터넷 게시판으로 저녁 먹을 장소를 정하려고 했다면, 누가 "애빌린에 가자."라고 해도 얼마 안 되어, "이 더위에 무슨 애빌린임?"이라고 말하는 댓글이 쉽게 달릴 수 있다는 뜻이다.

실제로 인터넷 모임이나 SNS를 통한 의사소통은 사회의 소수 의견, 사회적 약자들이 그 뜻을 나누고 표현하기에 용이한 도구로 널리 활용되고 있다. 최근에 인기를 얻고 있는 학교별·회사별·업종별 익명 게시판, 익명 SNS들은 그곳의 구성원들이 대놓고 하지 못하는 이야기를 나누도록 하고 있다. 어떤 학교나 어떤 업종에서는 선배가 후배를 지나치게 엄격하게 대하는 관습이 있는데, 그것이 나쁘지 않느냐는 지적이 인터넷 익명 SNS를 통해 흘러나온다. 이런 의견 교환 통로가 없다면 다들 "여기는 어떤 이유가 있어서 이렇게 혹독하게 후배를 대하나 보다."라고 넘어갈 만한 일이었을지도 모른다. 그러나 드러내 놓고 이야기하는 가운데 문제를 파악하고 지적할 수 있게 된다. "사실은 나도 그렇게 후배를 괴롭히는 풍습은 나쁘다고 생각했다", "이런 문화는 없어져야 한다."라는 의견이 교환되며 상황이 개선될 수 있다.

이렇게 보면 인터넷과 SNS의 시대가 되어 사람들의 의사소통 방식이 바뀌면서 애빌린의 역설은 이제 점차 옛일이 될 수도 있을 듯싶다. 그러나 애빌린의 역설은 살짝 다른 방식으로 인터넷을 이용해 역습을 할 수 있다.

집단 극화의 역습

애빌린의 역설 현상을 분석하는 두 가지 관점은 다원적 무지와 집단 극화group polarization다. 다원적 무지란 구성원 각자가 믿지 않는 사실을 다른 사람은 다들 믿는 것 같다고 오판하는 상황을 말한다. 나는 애빌린에 가고 싶지 않지만, 다른 사람은 다들 애빌린에 가고 싶어 하는 것 같다고 모든 사람들이 생각하는 상황이다. 이런 상황은 인터넷을 통한 활발한 의사소통으로 비교적 극복되기 쉬워 보인다.

그런데 집단 극화라는 현상은 좀 다른 문제다. 집단 극화는 개인으로서는 약한 주장을 갖고 있는 사람이 집단에 소속되어 주장을 내세우다 보면 주장이 점점 강해져서 나중에는 극단적인 주장으로 변할 가능성이 높아지는 현상을 뜻한다. 예를 들어 개인으로서는 그저 "나는 어떤 나라 외국인들이 유달리 좀 낯선 느낌이다."라는 정도의 감정밖에 없지만, 비슷한 생각을 가진 여러 사람과 함께 의견을 나누다 보면 "그 나라 사람들은 한국인들의 적이고, 우리나라 바깥으로 모두 내쫓아야 한다."라는 아주 심한 의견으로 전체의 뜻을 내세우기 쉽다는 이야기다. 애빌린의 역설에 비추어 이야기해 보자면, "너무 심심하니까 애빌린에라도 가 보면 어떨까, 잘은 모르겠는데." 정도의 생각을 갖고 있었는데 여럿이서 이야기를 나누는 과정에서 "아무리 덥고 힘들어도 애빌린에 가야 하고 안 그러면 가족 간의 화목을 해치게 된다."라고 믿게 되는 상황이 집단 극화다.

집단 극화는 왜 생길까? 일단 생각할 수 있는 원인은 여러 사람이 집단으로 말을 하다 보면 책임지지 않아도 될 말을 하기 쉬워진다는 점이다. 혼자서 결정하게 되면 장점, 단점을 나 혼자 파악하고 가장 좋은 결론을 내세워야 하므로 행동이 조심스러워진다.

그런데 여러 사람이 의견을 나누다 보면, 그것이 내가 모든 책임을 져야만 하는 문제도 아니고 나만의 의견은 아니므로 좀 심한 의견이라도 괜히 한번 던져 보기 쉽다. 혹 "어느 나라 외국인을 모조리 추방하라니, 그건 너무 심한 말 아니냐?"라고 누가 비판한다 하더라도 나 혼자 주장한 의견이 아니므로 내가 직접 그 말에 반론을 제기할 필요는 없다. 그 비판을 반박하기 위해 고민할 이유도 없다. 집단 중에 누가 알아서 할 것이므로, 나중에 돌아올 비판을 별 신경 쓰지 않고 좀 심한 주장이라도 꺼내 볼 수 있다. 애빌린을 예시로 설명하자면 "나도 그냥 애빌린 가는 게 괜찮다고 말해야지. 애빌린 간다는 게 너무 이상한 생각이면 다른 사람 누구 하나라도 반대하겠지."라고 생각하고 말하게 된다는 뜻이다.

그리고 비슷한 의견 교환 과정에서 다른 사람의 동의를 얻어 자신의 생각이 더 굳어지고 강화되기 좋다는 점도 집단 극화의 중요한 원인이다. 그리고 바로 이 이유가 애빌린의 역설이 인터넷을 타고 퍼지게 되는 핵심 논리다.

처음에는 어떤 외국인을 문제라고 생각하는 게 옳은 생각인지 어떤지 쉽게 확신할 수 없다. 어쩌면 그것은 자신의 편견임을 깨닫게 되거나, 별 대수롭지 않은 문제로 치부되어 그냥 넘어가게 될 수도 있다. 그런데 비슷한 생각을 가진 사람들끼리 의견 교환을 하는 과정에서 다른 많은 사람들이 그 외국인에게 뭔가 부정적인 감정을 느끼는 것 같다는 사실을 알게 된다. 그 와중에 자신감을 얻고, 자신의 의견에 대한 확신이 깊어진다. 확신 때문에 의견은 더 강해진다. "그 나라 출신 외국인이 정말 문제구나.", "그 나라 출신 외국인이 한국에 해를 끼친다.", "그 외국인을 당장 추방해야 한다."라는 식으로 의견 교환 과정이 서로가 서로를 응원해 주는 효과를 낸다. 주장의 강도는 계속해서 높아지게 된다. 애빌린에 가야 하는지 어째야 하는지 몰라서, 무심코 애빌린이라는 말을 꺼낸 것뿐인데, 여럿이 모여서 말을 나누다 보면 어느새 애빌린은 반드시 가야 하는 지상낙원 같은 곳이 된다.

이런 방식을 홍보 분야에서는 역으로 이용하기도 한다. 예를 들어 어떤 가수가 인기몰이를 하고 싶어 한다. 가수니까 노래는 어지간히 할 것이고, 그러니 그 가수가 노래를 잘한다고 생각해 호감을 조금 가지는 사람 정도는 있을 것이다. 이럴 때 가수의 소속사에서는 팬클럽을 결성하도록 하고 그 활동을 부추겨 가수에 대한 호감이 있는 사람들이 서로 한자리에 모여 가수를 칭찬하고 같이 환호하도록 유도한다. 팬들은 팬클럽 활동을 하면서 '이 가수를 좋아하는 사람이 이렇게 많구나.'라는 사실을 확인하게 되고 그 가수가 뛰어나며 좋아할 만하다는 확신을 얻는다. 그러다 보면 "내가 그 가수의 팬이다.", "그 가수는 멋지다."라고 자신 있게 여러 사람에게 말할 수 있게 된다.

또 팬클럽에서 그 가수를 위해 콘서트 티켓을 사고, 한정판 기념품을 사고, 가수에게 선물을 주는 사람들을 보게 된다. 그러다 보면 가수의 팬이 되면 그 정도는 하는 게 당연하다고 생각해 자신도 비슷한 행동에 동참하게 된다. 그런 사람들의 숫자가 늘어나면, 이렇게 많은 팬들이 그 정도로 열정을 기울일 만한 가수라고 믿게 되고 더 많은 사람들이 동참하게 된다. 이런 식으로 점점 더 많은 사람들이 점차 그 가수에 대해 알아보고, 팬이 되어 간다. 팬클럽은 가수에 대한 약간의 호감을 집단 극화를 이용해 열정적인 지지로 끌어올려 타오르게 하는 불씨 역할을 한 셈이다.

집단 극화가 일어나려면 마음이 맞는 사람들이 의견을 교환하면서 서로의 의견을 더 북돋아 줄 수 있는 교류가 있어야 한다. 단, 비도덕적인 의견, 사회에 해가 되는 의견은 사회를 사랑하는 사람들이 많은 건전한 사회에서는 동조하는 사람을 모으기 어렵다. 그러므로 나쁜 의견이 집단 극화를 이루기는 쉽지 않았다. 그러나 인터넷의 발달로 이제는 정말 괴상한 의견을 가진 사람들도 어떻게든 몇몇 자신에게 동조하는 사람들을 찾아내서 모을 수 있는 세상이 되었다. 극단적인 예로 2010년대 후반, 지구가 평평하다고 생각하는 사람들이 인터넷을 통해 하나둘 의견을 교환한 끝에 집단 극화를 일으켜 '실제로 지구는 평평한데 세상의 높은 사람들이 지구는 둥글다고 주장하는 엄청난 음모를 꾸미고 있다.'라는 생각을 신봉하는 일이 세계 곳곳에서 벌어진 적도 있었다. 익명으로 무책임하게 쉽게 의견을 주고받고, SNS를 통해 손쉽게 모집한 자신과 비슷한 사람들의 생각만 듣다 보니, 자기 생각이 틀릴 수도 있다는 반론을 접할 기회도 없다.

이런 까닭에 21세기는 온갖 위험한 의견의 집단 극화가 일어날 가능성이 조금씩 높아지고 있는 세상이다. 결국 "이것은 아니다."라고 지적할 수 있는 용기와 함께, 다양한 집단의 서로 다른 의견을 두루두루 교환해 가는 방법으로 집단 극화를 극복하기 위한 노력이 필요하다. 이 노력은 민주주의사회를 유지하기 위해서 점점 더 중요해지는 것 같다.

앞으로 더 빠른 의사소통, 더 편리한 SNS 모임의 힘은 훨씬 강력해질 것이다. 그런 만큼 우리는 편안하고 솔직하게 나오는 다른 의견을 들어 볼 수 있는 충분한 기회를 사회 모든 영역에서 마련해 나가야 한다. 그러지 못하면 잠깐 얼렁뚱땅하는 사이에 온 세상이 황량한 텍사스의 애빌린으로 몰려갈지도 모른다.

04

우정의 역설
Friendship paradox

미국의 사회학자 스콧 펠드Scott Feld가 1991년에 처음 연
구한 주제로, 대부분의 사람은 자기 친구들보다 평균적으로 친구 수가
더 적다는 현상. 이는 친구 수가 많은 사람이 자신의 친구 그룹에 속할
가능성이 더 크다는 일종의 표집 편향으로 설명할 수 있다.

평균적으로 평범한 친구 관계

SNS를 자주 보면 울적한 기분에 빠질 가능성이 높다는 이야기는 이제 꽤 알려져 있다. 여기에도 작지만 역설 비슷한 느낌을 주는 현상이 있다. SNS를 보다가 울적함을 느끼는 이유는 대개 슬프고 우울한 이야기를 많이 보게 되기 때문은 아니다. 오히려 SNS에서는 다른 사람의 즐거운 모습, 성공한 장면, 화려한 순간, 누가 멋진 일에 기뻐하는 모습을 많이 보게된다. 그런데 그 기분 좋은 이야기들이 쏟아지는 장면을 계속보면 오히려 나는 울적한 기분에 빠질 때가 생긴다. 다들 저렇게 즐겁고 멋지고 보람차게 살고 있는데, 나는 도대체 왜 이럴까? 나는 왜 이렇게 잘되는 일도 없고, 볼품없이 궁상맞게 살고 있을까? 그런 생각이 계속 들다 보면 울적함은 커진다. 게다가 SNS에서는 현실에서 알고 있는 사람, 예전에 알고 지내던 친구의 소식을 보는 경우가 많다. 그러니 다른 사람들과내가 비교되는 느낌이 더 크게 다가온다. 신문에서 "요즘 고급 승용차가 많이 팔린다."라는 기사를 보면, '세상에는 부유한 사람도 많나 보구나.' 하고 그저 넘어갈 만한 이야기지만,

중학교 때 친구가 고급 승용차를 타고 다니는 사진을 보면, '중학교 때 비슷비슷하게 어울렸던 저 친구는 저렇게 잘살고 있는데, 나는 왜 이 모양이지?' 하는 생각이 더 강하게 들 수 있다.

여기에 더해서 SNS의 내용 구성이 다른 사람들에 비해 내가 더 못나 보이게 만드는 효과도 있다. 많은 SNS들이 사진을 올려 공유하는 것을 중요한 기능으로 내세우고 있다. 그런데 사진은 기념할 만한 일, 기억하고 싶은 순간을 남기기 위해 촬영하는 경우가 많다. 그러므로 대개의 사람들은 기억할 만한 좋은 순간을 사진으로 남겨 SNS에 올리게 된다. 인생을 살다 보면 좋은 일도 있고 나쁜 일도 있지만, 주로 좋은 일, 그중에서도 사진으로 찍어 두고 싶을 정도로 좋은 일만이 SNS에 올라간다는 뜻이다.

사진을 찍는 사람, 본인은 그 사진 속의 멋진 순간이 내 인생의 일부일 뿐이라는 사실을 안다. 그러나 SNS에서 여러 사람의 계정을 구독하며 사진을 보는 사람 입장은 다르다. 여러 사람의 사진, 여러 인생의 좋은 순간이 한데 모여서 자기 눈앞에 보인다. 다시 말해 SNS에는 온통 즐겁게 사는 사람들의 모습만 보인다. 그러면 SNS를 구독하는 입장에서는 무심코 '다들 아주 즐겁게 살고 있구나.', '모든 사람들이 저렇게까지 멋지게 살고 있구나.'라는 느낌을 받기 쉽다. 게다가 요즘 SNS는 사람들의 눈길을 끌 만한 사진을 최대한 빨리 잘 볼 수 있도록 프로그램을 만들어 두었으며, 덕분에 스마트폰 같은 휴대용 장치를 통해 수시로 새로운 소식을 접하도록 되어 있다.

그러면 시간이 지날 때마다 스마트폰을 통해 내 친구들, 내 주위 사람들의 멋지고 즐거운 모습들이 계속해서 쏟아져 들어온다. 이런 상황이라면 더더욱 다들 나보다 잘 살고 있다는 생각이 들기 쉽다.

요즘에는 SNS를 하면서 너무 남을 부러워하지 말고, 함부로 시기하거나 질투하지도 말고, SNS에서 너무 서로 자랑하려고 애쓰지도 말자는 이야기가 격언처럼 돌게 되었다. SNS를 통해 세상을 보면, 다들 훌륭한 모습을 뽐내느라 난리인 것 같지만 실제 세상은 그와는 다를 수밖에 없다는 현실을 잊지 말자는 이야기도 한다. 21세기의 네트워크 시대, 연결 시대를 사는 사람들로서 새겨 둘 만하다고 생각한다.

남들이 나보다 더 잘 사는 것처럼 보이는 현상이 단순히 SNS 때문에 생긴 착시가 아니라, 사실이라면 어떨까? 나보다 남들이 평균적으로 더 인기가 있는 것이 사실이라면? 그러면 나는 세상의 평균보다 더 인기 없는 사람이니, 진짜 불행해하고 울적해지고 괴로워해야 하는 것일까? 내 친구들의 평균적인 친구 숫자에 비해 나는 친구 숫자가 더 적은 사람이라는 사실을 실제로 증명해 놓은 연구가 있다. 이것을 우정의 역설이라고 부른다.

내가 친구가 별로 없다는 사실을 증명했다니, 누군가 나를 놀리려고 이런 연구를 했나 싶다. 우정의 역설을 밝힌 사람으로 자주 언급되는 인물은 스콧 펠드라는 미국의 사회학자다. 혹시 스콧 펠드와 친분이 있는가? 나는 이 사람을 한 번도 만난 적이 없지만 펠드는 내가 친구가 적다는 사실을 증명했다. 펠드는 1991년에 우정의 역설을 언급한 논문을 발표했다. 1991년 이후에 출생한 독자라면, 더 이상한 생각을 품을 것이다. 펠드라는 사회학자는 무슨 방법을 썼길래 아직 태어나지도 않은, 다른 나라에 사는 사람이 미래에 친구가 없을 거라는 사실을 밝힐 수 있었을까? 혹시 한국 사회의 발전이나 한국인들의 친구 사귀는 경향에 대해서 깊이 연구하여 미래에 한국인들이 대체로 얼마나 친구를 사귈지 예측하는 방법을 개발한 것일까? 펠드가 제시한 내용은 그보다도 훨씬 놀랍다. 펠드는 어느 시대, 어느 나라, 어느 문화권의 사람이건 대체로 사람은 자기 친구들에 비해 평균적으로 더 친구가 적다는 사실을 밝혔다.

언뜻 들었을 때 말도 안 된다는 생각이 들 만큼 이상한 이야기다. 많은 이들은 대개 평균적인 사람들일 것이다. 나도 평균적인 사람일 확률이 높다. 그러니 평균적인 사람이라면 친구 수가 보통은 되어야 하지 않나? 그런데 어떻게 그 사람의 친구들이 평균보다 더 친구가 많을 수 있단 말인가? 애초에 내가 평균 이하로 친구가 별로 없는 사람일 때만 말이 들어맞는 것 아닌가? 그러나 펠드가 제시하는 이야기는 이렇다. 평균적으로 내 친구들은 나보다 친구가 더 많고, 다른 사람을 아무나 골라 질문해 보면 그 사람 역시 평균적으로 그 사람의 친구들이 더 친구가 많다. 친구 없는 사람들만 골라서 질문을 하게 되는 마법에 걸린 것도 아닌데, 조사를 해 보면 정말로 그런 결과가 나온다.

이런 현상이 무슨 착시 때문에 생기는 것도 아니다. 내가 남을 부러워하고 샘을 많이 내는 성격이라 괜히 인기 많은 친구들을 질투해서, '나는 외로운데, 내 친구들은 다들 친구가 많아.'라고 생각하기 때문에 그런 느낌이 드는 것이 아니라, 정말로 객관적으로 기준을 정해 친구 숫자를 헤아려 보면 나보다는 내 친구들이 더 친구가 많다는 결과가 나온다. 내가 비관적인 성격이고, 자신감이 없기 때문에 '나를 좋아하는 사람은 별로 없어.'라고 생각하는 것도 아니다. 정말로 측정해 보고 계산해 보면 나보다는 내 친구들이 평균적으로 더 인기가 있다. 이것이 나에게만 해당되는 이야기가 아니라, 세상 대부분 사람들에게 해당되는 현상으로 나타난다.

어떻게 이럴 수가 있을까? 누구에게나 자기 친구들이 평균적으로 자신보다 친구가 많다면, 세상에 친구가 많은 사람들만 넘쳐 나고, 친구가 별로 없는 사람은 아무도 없어야 하지 않나? 잠깐만, 그렇게 세상 모든 사람들이 친구가 많은 게 정상이라면 확률적으로 평범한 사람들도 다 친구가 많아야 하지 않을까? 그러면 어떻게 애초에 그 사람의 친구들이 그 사람보다 더 친구가 많을 수 있는 거지? 말이 꼬이고 헷갈릴 정도로, 그야말로 역설 같은 이야기다.

이 문제를 풀이하기 위해서는 조금 복잡한 설명이 필요하다. 여기서는 굉장히 간단하게 한 가지 측면에 초점을 맞추어 풀이해 보도록 하겠다. 우선 "내 친구들은 평균적으로 친구들의 숫자가 나보다 더 많다."라는 말에서, "평균적으로"라는 것이 정확히 어떻게 계산을 한다는 말인지 약간 애매하다. 이때 정확하게 따져서 평균을 계산하는 특정한 방법을 정하고, 그 방법에 따라 '평균적인 내 친구들의 친구 숫자'를 계산하면, 항상 그 숫자는 나의 친구 숫자보다 더 커진다는 결론이 나온다. 이 사실은 깔끔하게 증명되어 있어서, 언제나 들어맞고, 모든 사람에게 들어맞는다. 이 사실을 증명하는 데에는 코시-슈바르츠의 부등식을 사용하는데, 고등학교 수학에서도 알아 놓으면 상당히 요긴하게 쓸 수 있는 부등식이라서 들어 본 사람도 꽤 많지 않을까 싶다.

그런데 우정의 역설에는 더 와닿는 사실이 있다. 평균을 계산하는 특이한 방법을 굳이 택하지 않고 그냥 내 친구들에게 각자 친구가 몇 명 있는지 물어보고, 그 숫자를 평균 내어 보는 간단한 방법을 쓴다고 하더라도, 그 숫자가 클 확률이 상당히 높다는 점이다. 다시 말해 그냥 자연스럽게 이리저리 친구 관계가 생긴다고 치면, 정말로 다수의 사람들은 자기 친구들에 비해 친구 숫자가 적은 경향을 갖게 된다. 다시 생각해보아도, 이런 경향이 있다는 말은 이상하게 들린다. 평균은 보통이고, 보통은 중간이라는 고정관념에서 완전히 어긋난다. 그렇지만 이런 일이 발생하는 것은 사실이고, 잘 따져 보면 자연스러운 일이다.

세상 사람들 중에는 인기가 많아서 마당발인 사람도 있고, 인기가 없거나 홀로 지내는 것을 좋아해서 별로 알고 지내는 사람이 없는 외톨이도 있다. 마당발은 많은 사람을 알고 있고 교류가 활발하여 그 많은 이들을 친구로 사귀고 있을 것이다. 반대로 외톨이는 당연히 친구 숫자가 적다.

그렇다면 내가 그냥 평범한 사람이라 치고, 보통의 확률에 따라 친구를 사귀게 된다면, 나 한 사람 입장에서는 자연히 교류가 활발한 마당발과 친구가 될 확률이 높을 것이다. 반대로 혼자서 지내는 것을 좋아하고 외로이 지내곤 하는 외톨이와 친구가 될 확률은 낮다. 그러므로 내 친구들을 모두 모아 보면, 마당발이 많고, 외톨이는 적다. 따라서 당연히 내 친구들의 친구 숫자 평균을 내어 보면, 마당발인 친구들이 평균을 높이기 때문에 평범한 나보다는 숫자가 커질 것이다.

이 이야기는 무척 교묘한 논리를 갖고 있다. 그냥 쉽게 생각하면 당연하다 싶지만, 살짝 틀어서 생각하면 그게 말이 되나 싶은 이상한 느낌이 들지도 모른다. 세상 모든 사람들의 친구 숫자 평균을 계산해 보면, 그야말로 평균적인 숫자가 나온다. 내가 평균적인 사람이라면, 내가 가진 친구 숫자와 크게 다르지 않다. 그 숫자를 보면 나는 평범한 사람이다. 여기까지는 평균이 보통이고, 보통이 중간이라는 느낌에서 크게 어긋나지 않는다. 그러나 누구든지, 자기 친구들과 자신을 비교하면 친구들은 평균적으로 자신보다 친구가 더 많다. 이 차이가 우정의 역설의 핵심이다. 마당발인 사람들이 중복해서 여러 번 서로 다른 많은 사람들의 친구로 등장해서 평균을 끌어올리기 때문이다. 달리 말하면 세상 전체에서 친구가 얼마나 많은지 순위를 매겨 보면 나는 중간 정도가 되겠지만, 내 친구들 중에는 친구 많은 순위 1위, 2위를 하는 마당발들이 꼭 섞여 있다. 그 친구들은 마당발이니까 나까지 친구로 둔 것이다.

관계의 그물망을 제대로 들여다보는 법

친구와의 관계 외에 다른 모든 분야로 이 생각을 넓혀 보면, 우정의 역설이라는 현상은 여럿이서 서로서로 복잡한 관계를 이루고 있는 관계의 그물망에서 비슷하게 발견될 수 있다. 그물 전체를 분석하는 것과 그 그물의 모든 연결점을 중심으로 주변을 분석한 결과가 서로 굉장히 다를 수 있다는 의미다. 그렇기 때문에 우정의 역설 현상을 분석하는 방법은 도시의 건물들을 도로로 연결한 모양이나 철도로 도시들을 연결한 모양, 통신선으로 컴퓨터를 연결한 모양이나 회사들이 서로 물건을 사고팔면서 협력하는 모양 등등을 분석하는 데에도 활용할 수 있다. 즉 우정의 역설도 수학의 그래프 이론graph theory 분야에서 다루어지는 문제다.

우정의 역설이 그래프 이론을 이용해 증명된 사실이라는 점을 받아들이면, 세상의 여러 문제를 좀 다르게 느낄 수 있을지 모른다. 예를 들어 보통 친구가 많은 사람들은 그만큼 인기가 많기 때문에 친구가 많다. 그렇다면 내 친구들이 나에 비해 친구가 많다는 사실은 곧 나보다 다른 친구들이 더 인기가 많아 보일 수 있다는 뜻이다. 내 친구들의 평균에 비해 나는 더 인기가 없어 보일 수 있다. 그게 당연하다. 그런 일은 누구에게나 자연스럽게 많이 일어난다. 그렇다고 해서 내가 세상 사람들 중에서 인기가 없는 사람에 속한다는 뜻은 아니다. 나는 세상의 평균, 중간 정도는 되는 사람일 가능성이 높다. 단지 우정의 역설에 의해서 내 친구가 된, 내 주위 사람에 비해서는

The Four Friends

George Romney, 1796
Oil on Canvas, 123×100cm
Abbot Hall Art Gallery, Kendal

내가 뒤떨어져 보이는 현상이 발생할 뿐이다. 예외도 있긴 하다. 내가 유독 외톨이들과 자주 교류하는 사람, 많은 외톨이들을 일부러 찾아가 친구로 지내는 사람이라면, 그때는 우정의 역설에서 벗어난 결과가 나온다.

우정과 사랑은 다른 것이라고 하지만, 우정의 역설은 사랑에도 그대로 적용할 수 있다. 사랑하는 관계가 되었다가 헤어지는 일을 몇 차례 경험하며 서로 다른 사람을 사귀었다고 해 보자. 그러면 확률상 나보다는 내 주변, 내 상대가 나에 비해서는 더 인기가 있고 많은 사람을 사귈 수 있는 사람일 가능성이 높다. 그러면 내가 사랑하는 사람은 나보다 더 멋지고 인기 있어 보이고 그에 비해 나는 초라해 보일 수 있다. 그 때문에 나는 그 사람을 많이 사랑하는 것 같지만, 그 사람은 나만큼 나를 사랑하지 않는 것 같다는 생각도 들 수 있다. 이런 마음 때문에 괴로워하는 청춘 남녀들은 긴 세월 동안 세상에 무척 많았다. 사랑으로 이어진 관계가 쉽지 않았던 것 또한 바로 우정의 역설 때문이다.

한발 더 나아가 보자. 대체로 사회에서 인기가 많은 사람은 재능이 출중하고 부유하고 외모가 아름다운 사람들이다. 내 친구들보다 내가 인기가 없어 보인다는 말은 나는 내 주변 친구들에 비해 재능이 뒤떨어지거나, 가난하거나, 외모가 못나 보이는 느낌을 받기 쉬울 거라는 뜻으로 해석할 수 있다. 그렇지만 그런 느낌이 든다고 해서 내가 정말 세상 사람들 중에서 재능이 없고, 가난하고, 외모가 못난 축에 속했다는 뜻은 아니다. 내가 평범한 사람이라면 세상 사람 전체 중에서 보면 중간은 될 것이다. 다만 우정의 역설 때문에, 내 친구들과 비교해 나는 모자라 보일 수밖에 없다.

만약 이 사실을 간파하지 못한다면 세상을 이해하고 판단하는 시각이 일그러지기 쉽다. 사람이 세상을 살면서 자주 대하는 다른 사람은 주변 사람, 친구이다. 그런데 친구들이 평균적으로 더 재능이 뛰어나고 더 외모가 뛰어나다면, 자연히 나는 친구들에 비해 재능이 부족하고, 외모도 떨어진다고 생각하기가 쉽다. 세상 모든 사람들 사이에서 보면 별로 재능이 부족하지도 않고 외모가 부족하지도 않은데 우정의 역설 때문에 괜히 그런 생각을 갖게 된다. 그러면 쓸데없이 자신감을 잃게 될 수 있고, 나는 인기가 없다는 생각에 괜히 더 외로움을 느끼게 될 수도 있다.

심지어 이런 일은 정말로 인기가 많고 재능이 뛰어난 연예인이나 학자들 사이에서도 일어난다. 대부분의 사람들은 연예인이 너무나 인기가 많고, 많은 사람에게 호감을 줄 수 있어서 결코 외로울 리 없는 직업이라고 생각한다. 그러나 우정의 역설 때문에 여전히 주위 사람들이 자기보다 더 인기 있고 더 행복하게 사는 사람들로 보이는 일이 발생할 확률이 상당히 높다. 훨씬 활기차게 많은 도전을 할 수 있는 사람이 우정의 역설 때문에 삶에 대한 태도가 바뀌게 되면, 그는 많은 기회를 잃게 된다.

우정의 역설이 사회에 대한 오해를 불러오는 경우도 있다. 예를 들어 어떤 사람이 성실하게 살아서 그에 대한 대가로 어느 정도의 재산을 모았다고 가정해 보자. 사회 전체의 평균을 보면 그 사람의 재산은 결코 적지 않다. 그런데 우정의 역설 때문에 그 사람의 주변에는 부유하게 살고 그 때문에 인기가 많고 친구를 많이 사귄 사람들이 있을 가능성이 높다. 그러면 이 사람은 자기 친구들에 비해 자신은 가난하다고 생각하게 된다. "남의 떡이 더 커 보인다."라는 속담이 있는데, 우정의 역설에 의하면 남의 떡까지는 모르겠지만, 친구의 떡은 평균적으로 내 떡보다 정말로 더 크다.

이런 상황에 처하면 자신은 열심히 살았는데도 남들보다 가난하게 산다고 착각하게 된다. 그러다 보면 세상이 잘못 돌아가고 있다 여기게 되고 자신의 인기 있고 부유한 친구들을 보면서 도대체 세상의 무엇이 잘못된 것인지 고민하게 된다. 애초에 별문제가 없었는데 크게 억울하다고 생각하면서 사회를 잘못된 시각으로 보다 보면, 나중에는 엉뚱한 문제를 꼭 사라져야만 하는 사회악이라고 생각하는 수가 생긴다.

우정의 역설은 대부분의 사람들에게 일어날 수 있다. 일이 이렇게 흘러가면 자칫 평범하게 사는 많은 사람들이 스스로 남들보다 비참한 상황에 빠졌다고 착각하면서 큰 문제가 생겼다고 믿을 수 있다. 그러다 보면 진짜 문제도 아닌 문제에 여럿이 매달리는 이상한 현상이 발생하기도 한다. 세계 역사에 일어났던 여러 비극적인 사건을 보면 별 대단한 근거 없이 특정한 인종, 국적, 민족, 성별, 계층에 속한 집단이 사회문제를 일으키는 악당이라면서 몰아붙여 비난하는 현상이 발생할 때가 있다. 나는 그런 현상이 심각해지는 원인 중에 자기 친구들과 자신을 비교하다가 우정의 역설 때문에 사람들의 판단력이 흐려지는 부분도 있었을 거라고 생각한다.

나를 중심으로 돌아가는 세상?

우정의 역설을 조금 더 넓혀 보면 이 현상은 표집 편향 sampling bias과도 관계가 깊다. 내가 친구가 많은지 적은지, 내가 인기가 있는지 없는지, 내가 부유한지 아닌지 판단하려면 객관적인 잣대에 따라 사회 전체에서 내가 어느 정도인지를 따져 봐야 한다. 그게 아니라 내 주변, 내 주위, 내 친구들과 비교해 보면 사실과는 다른 느낌을 받게 된다. 어떤 문제를 잘 살펴보기 위해서는 두루두루 그 문제의 모든 면을 살펴볼 수 있도록 대상을 골라서 따져 봐야 하는데, 한쪽으로 치우친 대상만을 잘못 골라서 문제를 보았기 때문에 결과가 정확하지 않았다는 의미다. 이것이 표집 편향이다.

한국에서 가장 유명한 가수가 누구인지 알아보기 위해 명동 거리를 지나다니는 사람들에게 물어보면서 조사했다고 해 보자. 그런데 만약 그 조사를 평일 오후에 진행한다면 그때 일하거나 공부를 해야 하는 직장인, 학생 등은 명동 거리에 없을 확률이 높다. 그 대신 휴가를 즐기기 위해 한국을 방문한 중국이나 일본 관광객들이 더 많이 조사될 것이다. 그러면 한국에서 가장 유명한 가수를 조사했지만, 주로 일본이나 중국에서 특히 인기가 많은 가수가 선정되기 십상이다. 만약 자우림 팬클럽이 모임을 하는 식당 앞에서 조사한다면, 자우림이 한국에서 가장 유명한 밴드라는 결과가 나올지도 모른다.

표집 편향은 사회의 중요한 문제를 따질 때에도 자주 발생한다. 언론에서 가장 많이 다루는 예시로는 선거 때의 여론조사가 있다. 요즘 여론조사는 무작위로 전화를 걸어 질문을 하고 답을 받는 방법을 많이 사용한다. 그런데 만약 전화를 평일 낮에 건다면, 평일 낮에 일하거나 공부해야 하는 사람들이 길게 통화하며 성실하게 답을 해 주기 어렵다. 따라서 주로 평일 낮에 여유가 있는 계층, 한가하게 노는 사람들 등이 답을 할 가능성이 높고, 그렇다면 그런 여유 있는 계층에게 인기 있는 정치인이 실제 모든 사람들에게 인기 있는 정치인보다도 여론조사 결과에서는 더욱 인기 있어 보인다.

설문 조사로 여론 동향을 파악하는 문제에서는 설문 조사 내용의 길이에 따라 조사 결과가 크게 바뀌기도 한다. 예를 들어 기후변화 문제에 대해 설문을 한다 치자. 이런 조사에서 "당신은 기후변화 문제에 대해 얼마나 관심이 있습니까?"라는 질문의 답변을 보면, 보통은 관심도가 꽤나 높게 나오기 마련이다. 관심이 아예 없는 사람은 굳이 귀찮게 설문 조사를 하려고 들지 않기 때문이다. 또 설문 조사 내용을 복잡하고 길고 어렵게 만들어 놓으면, 어지간히 그 문제에 관심이 있는 사람이 아니라면 굳이 시간을 내어 끝까지 설문 조사를 마치지도 않을 것이다. 그러므로 어렵고 재미없게 설문 조사를 진행할 경우, 항상 "당신은 기후변화 문제에 대해 얼마나 관심이 있습니까?"라는 내용에 "아주 관심이 많다."를 체크한 사람의 비율이 높아진다.

이런 예시는 굉장히 많다. 나라의 중요한 일을 정하기 전에는 대개 공청회라는 행사를 열어 관심이 있는 사람이라면 거기에 와서 내용을 듣고 자기 의견을 말해 보라고 한다. 그러면 그 행사에 때를 맞추어 찾아가서 의견을 말할 만큼 시간과 돈의 여유가 있는 사람들의 의견은 많이 들을 수 있을 것이다. 그러나 일이 바빠 시간을 낼 수 없거나, 지방에 살고 있어서 공청회 장소까지 찾아가는 데 돈이 많이 드는 사람들의 의견을 듣기란 어렵다.

그 때문에 일부를 조사하여 전체를 파악하려는 모든 연구에서는 항상 표집 편향을 피하기 위해 열심히 노력한다. 그러나 사람의 일상생활에서 표집 편향은 항상 일어나고 그것을 피하기가 어렵다.

내가 아는 사람들에 둘러싸여 사는 나는 무심코 내가 아는 사람들을 세상 사람들이라고 생각하면서 그저 그 기준으로 모든 것을 판단하게 되기 십상이다. 국회의원들은 부유하고 유명한 다른 국회의원들과 정치인들을 무심코 보통 사람이라 생각하며 살게 되고, 기업에서 중요한 의사 결정을 하는 높은 자리에 앉아 있는 사람들은 자기 주변에 있는 사회에서 성공한 사람들을 세상의 기준이라고 생각하게 된다. 이래서야 정말 보통 사람들이 무엇을 원하는지, 실제 세상 사람들의 다수가 문제로 여기고 있는 점은 무엇인지 정확히 느끼기 어렵다.

이렇게까지 이야기하면 우정의 역설은 반드시 극복해야만 하는 문제 같아 보이지만, 현대의 학자들은 우정의 역설을 역으로 이용하기도 한다. 예를 들어 전염병이 돌고 있어서 빨리 백신 접종을 해야 하는데 백신이 100명분밖에 없다고 해보자. 웬만하면 여러 사람들과 교류하고 인기가 많아 여러 사람들과 접촉하는 마당발에게 먼저 백신을 접종시켜야 전염이 줄어들 거라고 보고 있긴 한데, 누가 마당발인지 알 방법이 마땅치 않다.

무작위로 100명을 골라 백신을 접종하는 방법도 있을 것이다. 그런데 이럴 때 일단 10명을 무작위로 고르고, 그 10명에게 자기 친구 9명씩을 추천하라고 해서 전체 100명의 명단을 만드는 방법도 생각해 볼 수 있다. 이런 식으로 사람 뽑는 방법을 개발하면 우정의 역설에 의해, 마당발인 사람이 포함될 가능성이 조금 더 높아질 것을 기대할 수 있다. 그 외에도 우정의 역설 원리를 이용해 더 효과적으로 광고를 하거나 설문 조사를 수행하는 방법을 고안해 볼 수도 있다.

우정의 역설을 보다가 드는 또 다른 깨달음은 수학이 상상 이상으로 삶의 깊은 문제에 연결되어 있다는 사실이다. 남과 나를 비교하면서 질투하거나 울적해지는 문제가 발생하면 마음을 수양하는 방법을 따지거나, 착하게 사는 태도를 고찰해야 할 것처럼 느껴진다. 그런 종류의 문제는 숫자와는 거리가 먼 것이라고 생각하기 쉽다. 그러나 SNS를 보며 '왜 나는 이렇게 외롭고 불행할까'라고 고민하는 자신을 성찰하는 문제의 한쪽 고리에는 사실 그래프 이론과 코시-슈바르츠 부등식이 엮여 있다.

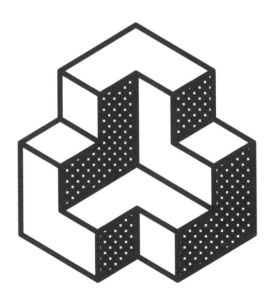

05

이스털린의 역설

Easterlin paradox

시대가 다른 경우 같은 소득 수준을 누리는 사람이라도 행복도는 같지 않다는 이론이다. 미국의 경제학자 리처드 이스털린 Richard Easterlin이 1974년에 주장한 개념으로, 그는 1946년부터 30개국의 행복도를 연구하여 행복도와 소득이 비례하지 않는 현상을 발견했다.

경제학은 행복에 관심이 있을까?

초창기 경제학은 거의 돈 버는 문제만을 다루었다. 사람들이 경제학의 목표를 이야기할 때 경제학은 돈을 더 많이 벌 수 있는 방법을 찾는 학문이라고 이해하던 시대도 있었다. 그러나 돈이 전부일 리는 없다. 자본주의사회에서 돈을 벌기 위해 만든 조직인 주식회사들조차도 광고에서 "우리는 돈 버는 게 목표입니다"라고 말하지 않는다. 통신 회사는 사랑하는 사람들이 서로 자주 연락할 수 있는 세상을 위해 일한다고 이야기하고, 외식업 회사는 가족들이 모여 좋은 저녁 시간을 가질 수 있도록 노력하고 있다고 홍보한다. 사람의 삶에서 가치 있다고 느끼는 것 중에는 돈으로 간단히 값을 매길 수 없는 것들이 많다. 그렇다면 자원과 가치를 따지는 경제학이 그런 문제까지도 더 폭넓게 따져 볼 필요가 있지 않을까?

그렇게 해서 소위 말하는 행복경제학Happiness Economics 분야가 탄생했다. 단순히 누가 돈을 얼마나 많이 버느냐가 아니라, 사회 구성원들이 어떻게 더 행복해질 수 있느냐를 초점에 두고 자원의 배분, 가치의 평가, 경제정책을 만드는 방법을 따져 보는 연구를 하는 것이다.

행복경제학을 이해하기 위해 살펴볼 용어로 GDH(Gross Domestic Happiness)라는 말이 있다. GDH와 비슷하지만 한 글자가 다른 GDP(Gross Domestic Product)라는 말은 훨씬 더 익숙할 것이다. GDP는 국내총생산의 약자로, 한 나라 안에서 1년 동안 일하고 만들어 낸 것의 가치가 돈으로 따졌을 때 다 합해서 얼마인가를 말하는 수치다. 한국의 GDP가 지난 60년 간 10배 이상 커졌다거나, 금년에 한국 GDP가 3퍼센트 성장할 것 같다거나 하는 말을 들어 본 적이 있을 것이다. 그 말은 한국이라는 지역 안에서 벌어들이는 돈이 그만큼 늘어났다는 것을 암시한다. 한국의 GDP가 세계에서 10위니까, 한국의 국력이 세계 10위 정도는 될 거라는 식의 이야기도 자주 나온다.

GDP를 계산하기 위해서는 만들어 낸 상품, 지식 등의 가격 합계를 따져야 한다. 그런데 GDH는 얼마나 비싼 상품을 얼마나 많이 만들어 냈는지의 문제보다, 1년간 그 나라에서 사람들이 얼마나 행복을 느꼈느냐를 따진다. GDP가 국내총생산이라면, GDH는 '국내총행복'이라고 말할 수 있을 것이다.

높은 값이 매겨진 상품을 아무리 산더미처럼 만들어 쌓아 놓았다고 해도, 그 나라 사람들이 실제로는 아무 쓸모 없다 여기고 세상에 도움이 되기보다는 해가 된다고 생각하면서 다들 우울해하고 있다면, 정말로 그 나라에 좋은 일이 일어나고 있다고 보기는 어려울 것이다. 이런 나라는 GDP는 높을지라도 GDH는 낮은 나라라고 할 수 있다.

소득이 높을수록 더 행복할까?

GDH 같은 용어가 깊이 연구되어 완벽하게 정리가 이루어진 결과로 탄생한 말이라고 보기는 어렵다. 그렇지만 경제를 바라보는 초점의 차이를 보여 준다는 점에서 한번 생각해 볼 가치는 충분하다. 과거 GDP와 비슷한 GNP(Gross National Product)라는 국민총생산 수치를 중시하여 세계 각국이 경제 발전의 지표로 매달리던 시대에, 남아시아 국가인 부탄에서는 GNH(Gross National Happiness), 즉 국가총행복을 따져야 한다는 이야기를 발표해 세계에서 화제가 된 적이 있다. 부탄의 경제학 수준이 정말로 특출하게 훌륭한 것이냐 하는 문제를 떠나서, 이런 이야기에 사람들이 관심을 갖는다는 것은 예전의 경제학에서 사람들이 놓치거나 부족하다고 생각하는 점이 뚜렷이 있다는 것을 나타낸다.

리처드 이스털린은 미국의 경제학자로 1970년대에 미국 펜실베이니아대학교의 교수로 일하면서 행복경제학을 개척했다고 할 만한 연구를 수행했다. 지금도 행복경제학의 초기 인물로 자주 언급되는 학자다. 이 시기 이스털린은 어떤 사람이 돈을 얼마나 많이 버느냐와 그 사람이 얼마나 행복한가의 관계를 연구했다.

'돈을 많이 벌수록 행복하겠지, 뭘 그걸 연구까지 하나?' 하고 쉽게 생각할지도 모른다. 그러나 살펴볼수록 진지하고 세밀하게 검토할 필요가 있는 연구 주제다. 너무 가난해서 끼니를 걱정해야 하고 편히 쉴 곳도 없으며 자주 병들고 병을 치료할 방법도 없다면 그런 사람이 행복하기란 쉽지 않다는 것은 누구나 쉽게 생각할 수 있다. 가끔 깊은 깨달음을 얻어 평범한 욕심과 고통을 모두 초월해서 돈 한 푼 없어도 행복하게 사는 사람이 있을 수도 있지만, 여러 사람을 대상으로 대체적인 경향을 조사하면 너무 가난하거나 많은 빚에 시달리는 사람이 행복하기란 쉽지 않다. 여기까지만 생각하면 사람마다 특성도 있고 정도의 차이가 있기는 해도 대체로 돈을 많이 벌수록 행복하다는 것은 너무나 당연한 결론인 것 같다.

그렇다면 돈을 더 많이 벌면 더 행복해질 수 있을까? 얼마나 돈을 벌어야 불행한 상태에서 벗어나 행복하다고 생각하게 될까? 이런 문제는 좀 더 어려운 이야기다.

가난하면 삶이 힘들고 불행해진다는 말이 있는 만큼 "돈이 많다고 무조건 행복해지는 것은 아니다."라거나, "돈으로 행복을 살 수는 없다."라는 말도 있지 않은가? 한국 속담 중에는 심지어 "죽사발이 웃음이요, 밥사발이 눈물이라."라는 말까지 있다. 죽을 먹으면서 가난하게 살 때는 차라리 속이 편하고 별로 걱정 없이 지낼 수 있는데, 밥을 잘 차려 먹는 부유한 삶을 살다 보면 이것저것 고민거리가 많고 슬플 일이 많아질 수 있다는 뜻이다. 밥을 먹을 때마다 눈물을 흘리는 부자가 행복하다고 할 수는 없다.

그래서 이스털린은 정말로 돈을 잘 벌면 행복한지 아니면 그 반대인지, 혹은 더 복잡한 규칙이 있는지 직접 조사해서 연구하기 시작했다. 이스털린은 사람의 수입을 살펴보고, 그 사람이 행복한지 아닌지를 따져 볼 수 있는 설문 조사를 하는 방법으로 그 사람이 행복한 정도를 평가했다. 연구 도중에 이스털린은 이상한 현상을 발견했다. 쉽게 생각할 수 있는 결론과는 들어맞지 않기 때문에, 이때 이스털린이 발견한 내용을 흔히 이스털린의 역설이라고 부른다.

우선 역설 발견 이전에 이스털린은 한 사회에서 돈을 적게 버는 사람들과 돈을 많이 버는 사람들을 비교하면 대체로 돈을 많이 버는 사람이 좀 더 행복한 경향이 있다는 점을 발견했다. 여기까지는 쉽게 생각할 수 있는 뻔한 상식과 다르지 않다. 그렇다고 세금 걷는 액수를 정하듯이 정확하게 비례한다는 이야기는 아니다. 연봉을 3,000만 원 받는 사람에 비해 연봉 4,000만 원 받는 사람이 33.3퍼센트 만큼 더 행복하다는 이야기가 아니다. 한 사람, 한 사람은 각자의 사정에 따라 차이가 있지만 전체 무리의 대략적인 경향은 드러나 보인다는 뜻이다. 쇠락한 슬럼가의 뒷골목에서 어슬렁거리는 사람들 사이에 있으면 아무래도 성난 모습, 화난 얼굴을 찾기 쉽고, 잘 단장된 신도시 아파트 단지를 출입하는 사람들 얼굴에서는 밝은 웃음을 더 찾아보기 쉽다는 이야기에 가깝다.

중요한 것은 소득과 행복의 상관관계가 실제로 관찰된다는 사실이다. 특히 아주 가난하지 않은 계층에서도 이런 경향이 보인다는 점은 기억해 둘 가치가 있다. 이런 문제는 단순히 돈을 많이 벌면 밥을 많이 먹을 수 있고, 밥을 많이 먹으면 행복해진다는 간단한 계산, 즉 행복은 먹고사는 문제에 달렸다는 생각을 한 차원 넘어서기 때문이다. 사람이 밥을 먹는 데에는 어차피 한계가 있다. 한 끼에 밥을 네 그릇씩 먹는다고 해서 밥 한 그릇씩 먹는 사람보다 네 배 행복해지지는 않는다. 끼니 해결할 정도가 되는 사람들 사이에서도 수입이 늘수록 행복이 증가한다는 것은 달리 생각해야 하는 문제다.

얼마나 벌어야 행복할까?

자본주의사회, 시장경제 체제가 아주 잘 발달한 사회를 가정한다면 수입과 행복의 관계를 능력과 돈, 가치 있는 소비의 관계로 설명해 볼 수 있을 것이다. 돈을 많이 버는 사람이라면, 그만큼 주변 사람들로부터 귀하게 인정받는 가치 있는 능력을 갖고 있을 것이다. 자본주의사회에서는 그런 사람에게 돈이 많이 몰린다. 어떤 사람이 돈을 많이 번다는 말은 사람들이 높게 평가하는 자질을 갖고 있다는 뜻이다. 곧 주변 사람의 존경이나 부러움을 받을 가능성이 높은 사람이라는 뜻일 수 있다.

사람들은 노래 잘하는 사람의 공연을 듣기 위해 많은 돈을 지불한다. 그러므로 노래를 잘해서 돈을 잘 버는 사람은 그만큼 주변에서 칭찬받고 사랑받는 사람이다. 칭찬받고 사랑받고 좋은 평가를 받는 사람은 행복할 가능성이 높다. 반대 방향에서 문제를 풀이해 볼 수도 있다. 누군가 돈이 많다면 자신의 몸을 건강하게 하는 데 돈을 쓸 수 있고, 자신을 즐겁게 할 수 있는 취미를 찾는 데에도 돈을 쓸 수 있다. 아무래도 그렇다면 병든 사람, 놀 거리가 없는 사람보다는 더 행복할 가능성이 높다. 돈이 많다면 아무래도 앞으로 인생을 즐겁게 살 수 있는 안목을 키우기 위해 교육받을 기회도 더 많이 얻을 수 있다. 이 역시 행복하게 살 수 있는 가능성을 높일 것이다.

그러나 이스털린의 역설은 행복에 대해 또 다른 이야기를 들려준다. 역설은 조금 더 폭넓게 수입과 행복을 조사할 때 드러난다. 특히 일정한 기간을 두고 수입과 행복한 정도가 변화하는 모습을 볼 때에는 그런 경향을 그대로 확인하기가 쉽지 않다. 오늘 하루만 관찰하면 돈을 잘 벌수록 행복하다는 결론이 쉽게 나오지만 몇 년, 몇십 년을 두고 넓게 보면 돈을 잘 벌수록 행복하다는 규칙은 일그러진다는 의미다.

이 문제에 대해 많이 퍼져 있는 단순화된 해설은 다음과 같다. 돈을 벌면 벌수록 행복해질 수 있는 것 같지만 일정한 수준을 지나고 나면 돈을 더 많이 벌어도 더 행복해지지는 않는 선이 있을 것이다. 1년에 3,000억 원씩 버는 어떤 회사 사장이 있다고 치자. 그런데 경쟁사 사장은 1년에 4,000억 원씩 번다고 하기에 아득바득 노력하고 애써서 자기도 4,000억 원을 벌게 되었다. 그러나 그렇다고 해서 3,000억 원 벌 때보다 확실히 더 행복해졌다는 느낌을 받기는 쉽지 않다.

한 사람이 아주 소득이 낮은 처지에서 점점 소득이 높은 처지로 변화해 가는 과정을 떠올리면, 이 상황을 좀 더 구체적으로 생각해 볼 수 있다. 어떤 사람의 수입이 0원이라고 해 보자. 이 사람은 실업자이고, 당장 밥 먹을 곳도 없어서 무료 급식소 같은 곳을 다니거나 주변의 착한 사람들로부터 밥을 얻어먹으며 살고 있다. 그렇게 살고 있으니 하루 종일 굶주림에 시달리고 있다. 누가 "요즘 뭐 하며 살고 있느냐?"라고 물을 때마다 "밥 얻어먹으러 다니는 게 일이다."라고 답하기가 부끄럽다고 상상해 보자. 보통 사람들이 이런 처지에서 행복하게 살기는 쉽지 않다.

그런데 이 사람에게 일주일에 한 번씩, 공원을 청소하고 돈을 벌 수 있는 기회가 생겼다. 그리고 그 돈으로 하루에 한 끼 정도는 자기가 원하는 음식을 사 먹을 수 있게 되었다면? 이제 사람들에게 "저 공원을 깨끗하게 하는 일이 내 직업이다."라고 떳떳하게 말할 수도 있다. 과거에 비해서는 더 행복하게 살 수 있다. 그러다 이 사람이 공원 청소를 성실하게 잘한다는 평판이 생겨 옆 공원까지 청소하는 일을 맡게 되었고, 그래서 이제는 일주일에 두 번씩 청소를 하게 되었다고 생각해 보자. 그러면 소득은 더 높아지고, 하루에 두 끼를 원하는 대로 사 먹을 수 있게 되었다. 이 사람은 더 행복해진다.

그런 식으로 일이 늘어 나중에는 일주일에 다섯 번 청소를 하면서 더 많은 수입을 올리게 되었고, 나중에는 청소 회사에 정식으로 고용되어 '청소팀장'이라는 직함까지 받고 일하게 되었다. 이제는 조금이지만 저축도 할 수 있고, 가끔 보고 싶은 영화를 보러 가는 여유도 생겼다. 수입이 0원이던 과거보다는 훨씬 더 행복하다.

그러나 여기서 더 나아가 이 사람이 더욱 많은 돈을 벌기 위해 부업을 하기 시작했다고 생각해 보자. 부업 덕택에 돈은 더 많이 벌게 된다. 그렇지만 직장 생활이 끝나고도 네 시간, 다섯 시간씩 더 일을 하다 보니 삶이 너무 힘들다. 휴식 시간

The Happy Violinist

Gerard van Honthorst, 1624
Oil on Canvas, 83×68cm
Thyssen-Bornemisza Museum, Madrid

도 없고 항상 잠이 부족하다. 마음을 비우고 여유를 즐기는 일을 할 수도 없다. 과로하다 보니 몸도 이곳저곳 아파 온다. 이래서야 더 행복해졌다는 생각이 들지 않는다. 만약 누군가 더 많이 돈을 벌어야 한다고 강요하여, 이 사람이 잠도 거의 자지 않고 밤새도록 일만 한다면 어떨까? 돈을 더 많이 버니 행복해질까? 행복하기는커녕 노예처럼 일에 시달리면서 고문받는 것 같은 느낌일 테니 대단히 괴롭기만 할 것이다.

이 비슷한 현상은 누구에게나, 어느 시대에나 발생할 수 있다. 일정한 수준에 도달하면 그 이상으로 돈을 벌어도 행복한 정도가 크게 높아지지 않는 것이다. 오히려 돈을 너무 많이 벌기 위해 희생하는 부분이 생기는 바람에 행복이 줄어들 수도 있다. 꼭 일하는 시간이 너무 늘어나는 문제가 아니더라도, 마음에 걱정을 많이 끼치는 일을 하게 된다든가, 너무 어려워서 많이 지치는 일을 해야 한다든가 하는 문제도 있을 것이다.

이와 비슷한 흐름에서, 심리학 요소를 경제학에 도입해 명망이 높은 노벨 경제학상 수상자 대니엘 카너먼Daniel Kahneman 은 2010년 전 세계에 널리 회자된 재미있는 연구 결과를 발표한 적이 있다. 그의 연구 팀이 2008년에서 2009년에 걸쳐 45만 명에 달하는 미국인을 대상으로 조사한 결과, 연간 소득이 약 7만 5,000달러가 될 때까지는 소득이 늘어날수록 더 행복해지는 경향이 있지만 7만 5,000달러를 넘어서면 그런 경향은 줄어들었다.

해석하기에 따라서 7만 5,000달러 연봉을 벌기 위해서는 경쟁도 하고 애도 쓰면서 열심히 사는 것이 보람찬 일이지만,

그 정도 돈을 벌고 있으면 그 후로는 돈을 더 준다고 해도 너무 혹할 필요 없다는 뜻으로 받아들이는 사람이 있을지 모르겠다. 당시 한국에서는 물가를 따져 계산해 보면 연봉 5,000만 원 또는 6,000만 원 정도까지가 돈을 많이 벌수록 행복해지는 느낌이 쉽게 드는 선이라는 이야기도 돌았다.

이런 연구 결과는 삶에 대해 조언을 해 주는 효과도 있었던 것 같다. 많은 사람들이 더 행복하게 살기 위해서는 분명히 어느 정도 돈을 더 많이 벌 수 있도록 기회를 주어야 한다. 그렇지만 이미 돈을 많이 벌고 있는 사람이 더 많은 돈을 벌 수 있도록 해 봐야 큰 보람은 없다. 그보다는 가난한 집단, 저소득층이 더 많은 수입을 올릴 수 있도록 이끄는 것이 사람에게 행복을 많이 줄 수 있는 길이다.

아울러 어느 정도의 수입을 올리게 되면 굳이 더 많은 돈을 벌기 위해서 다른 중요한 것을 희생하거나 매달릴 필요가 없다는 점을 알아야 한다. 그보다는 돈이 아닌 삶의 다른 가치를 추구하거나 사회의 다른 사람들이 돈을 벌 수 있도록 돕는 길을 찾는 것이 더 보람찬 일이다. 실제로 카너먼의 연구 결과에서 그런 교훈을 찾는 사람들이 꽤 많았다.

행복의 차이는 왜 생겨날까?

그런데 이스털린의 역설에서 강조하는 이야기는 또 조금 다르다. 이스털린은 그저 돈을 많이 벌어도 행복해지지 않는

선이 있다는 정도의 설명으로 넘어갈 수 없는 또 다른 문제를 중요하게 여겼다.

이스털린은 소득이 적었기 때문에 행복한 정도가 떨어졌던 무리가 나중에 수입이 더 많아지게 되는 변화를 아주 유심히 살펴보았다. 예를 들어 어떤 나라에서 연간 수입이 1,000만 원 이하인 사람들은 50점만큼 행복하고, 5,000만 원 이상인 사람들은 100점만큼 행복하다고 치자. 그런데 세월이 흐르며 이 나라의 경제가 전체적으로 성장하면서 연간 수입 1,000만 원 이하인 사람은 거의 없어지게 되었다고 생각해 보자. 그래서 국민 대부분이 연간 수입 5,000만 원 이상이 되었다. 자연히 과거에 5,000만 원 이상 수입을 올리던 사람들은 1억 원, 2억 원씩 수입을 올리는 경우도 많다.

이스털린의 역설은 세월이 흘러 다들 연간 5,000만 원씩 수입을 올리게 되었지만, 그렇다고 해서 다들 100점만큼 행복하지는 않다는 사실을 지적한다. 여전히 그 사람들은 50점 정도밖에 행복하지 않다.

현실에서 이런 현상이 나타나는 예시로 자주 언급되는 것은 급속히 경제 발전이 이루어진 동아시아 지역의 20세기 상황이다. 20세기 중반, 동아시아의 국가는 전체적으로 경제 수준이 낮았다. 그래서 한 나라에서도 돈을 썩 잘 버는 사람들만 미국인들처럼 다양한 전자 제품을 갖추고 개인 자동차를 두면서, 여유 있을 때 여행을 가는 생활을 할 수 있었다. 그리고 그 나라의 돈을 잘 버는 계층은 행복한 정도가 높은 것으로 조사되었다. 반대로 그 정도로 돈을 못 버는 사람들은 행복한 정도가 낮았다.

그런데 수십 년의 세월이 흐르는 사이에 이제 이 나라도 경제 수준이 높아졌다. 중간 계층 정도만 되면 얼마든지 전자제품, 자동차를 갖추고 여유 있을 때 여행을 다닐 수 있는 세상이 되었다. 그런데 이 시대에 그 중간 계층의 행복한 정도를 조사해 보면, 과거 돈을 잘 벌던 계층만큼 행복하지는 않다고 조사된다. 여전히 행복한 정도는 낮은 수준 그대로다. 예전에 행복하던 사람들만큼 돈을 벌게 되었고, 예전에 행복한 사람들이 갖고 있던 전자제품이며 자동차, 여기에 다른 삶의 조건까지 갖추었는데, 예전에 행복한 사람들만큼 지금 내가 행복하지는 않다.

이는 이상한 현상일뿐만 아니라 마음까지 답답해지는 문제다. 이스털린의 역설에 따르면 분명히 나보다 돈 잘 버는 사람일수록 더 행복한 것 같기는 한데, 그렇다고 나중에 내가 그 정도로 돈을 잘 벌게 되는 날이 온다고 해도 그날의 내가 그렇게 행복해질 가능성은 별로 높지 않다. 도대체 왜 이런 일이 발생할까?

이스털린의 역설에 대한 풀이로 가장 잘 알려진 대답은 사람은 객관적인 조건에 따라 행복을 느끼는 것이 아니라, 남과 비교하며 행복을 느끼는 경우가 많다는 것이다. 쉽게 말해서 내가 소득이 얼마나 많고 적은지 중요한 게 아니라, 남보다 내 소득이 얼마나 많고 적은지를 중요하게 여기는 사람들이 많다는 뜻이다. 사람들이 집에 텔레비전을 두고 살지 못하던 과거에 우리 집에만 텔레비전이 있다면 우쭐하여 행복한 느낌을 느낄 수 있다. 하지만 다들 집에 텔레비전이 있는 세상에서는 "원할 때마다 텔레비전을 마음대로 볼 수 있다니, 나는 행복한 사람이야."라고 생각하는 사람은 별로 없다.

어느 정도는 설득력 있는 설명이다. 어렵고 복잡한 상황에서 무엇인가를 판단할 때 비교는 좋은 방법이다. 사과라는 과일을 처음 본 사람이 어떤 사과가 좋은지 판단해야 한다고 생각해 보자. 사과의 색깔, 당도, 성분 등을 측정해서 사과의 상태가 좋다, 나쁘다를 결정할 수 있을 것이다.

그렇지만 식물의 열매에 대한 지식이 부족하다면 어떤 기준으로 뭘 보면서 사과를 판정해야 할지 미리 알기가 어렵다. 그런데 사과 100개를 보면서 서로 비교한다면 어떨까? 대부분의 사과는 비슷비슷한데, 사과 하나만 짓물러 있고 시커먼 색깔을 띠고 있다면 그 사과의 상태가 좋지 않거나 문제가 있다는 사실을 쉽게 알 수 있다.

비교에서 벗어나 모두가 행복한 삶으로

인생도 마찬가지다. 어떻게 사는 삶이 잘 사는 삶이고 어떻게 해야 행복으로 나아갈 수 있는지 깨닫기란 쉽지 않다. 도대체 어떻게 살아야 하는가? 나조차도 이런저런 역설에 대해서는 조금씩 알고 있지만, 무엇이 정말 행복하게 사는 길인지는 잘 모르겠다.

그런 상황에서 사람은 흔히 주변 사람들, 세상 사람들과 자기 자신을 비교하게 된다. "나 정도면 잘 사는 건가?", "이 정도 돈을 벌면 중간은 되는 건가?", "남들은 다 이런 걸 하면서 사는데 그걸 못 한다면 나는 불행한 것 아닌가?" 계속 그런 생각을 하면서 자신의 인생을 평가하는 늪에 쉽게 빠져들 수밖에 없다.

과거에 비해 내 수입이 충분히 많아졌다고 하더라도 남들은 그보다 더 수입을 많이 올리고 있다면, 별로 행복한 느낌은 들지 않을 수 있다. 남과 비교해 봤을 때 내 수입이 더 적다면 그것만으로도 안 좋은 기분을 느낄 수 있기 때문이다. 행복의 기준이 남과의 비교를 통해 달라져 간다는 의미다.

이런 일은 실제로 자주 일어난다. 120년 전 한반도에서 가장 부유한 사람이었을 고종 황제가 제주도 여행을 가고 싶다면, 몇 날 며칠을 준비해 남해안 바닷가까지 간 뒤에 다시 배를 타고 또 하루를 꼬박 가는 수밖에 없었다. 요즘 한국인들은 단 한 시간이면 비행기를 타고 마치 새처럼 하늘을 훨훨 날아서 서울에서 제주도까지 단숨에 갈 수 있지만 이런 놀라운 일에 기뻐하는 사람은 별로 많지 않다. 그에 비해 비행기가 한 시간 정도 늦어지면 짜증을 내는 사람은 훨씬 많다. 이제는 다들 비행기를 타고 다니는 시대가 되었기 때문이다.

나는 지금도 이스털린의 역설에 대한 설명이 완성되었다고 보기는 어렵다고 생각한다. 이스털린의 역설에 대한 후속 연구들을 유심히 살펴보면 이스털린의 역설이 얼마나, 어떻게 나타나는지, 또한 어디에서 자주 관찰되는지, 역설 현상의 원인은 무엇인지에 대해 여러 학자들의 다양한 설명을 찾아

볼 수 있다.

　심지어 이스털린의 역설은 착각일 뿐이며, 자료를 잘못 따지다 보니 그런 이상한 일이 벌어진다고 과장해서 생각한 결과라는 주장도 있다. 이스털린이 사용한 행복의 정도를 질문하는 방식에 오류가 있다는 문제 제기도 있고, 수입의 변화에 따라 과연 얼마나 사람이 행복해졌느냐를 평가하기 위해서는 관찰하는 기간과 통계를 작성하는 방식이 달라져야 한다는 주장도 있다.

　네덜란드의 뤼트 페인호번Ruut Veenhovenn 같은 학자는 사람의 행복을 평가할 때 그 순간 얼마나 행복한지만 따질 것이 아니라 일생 동안 얼마나 행복하게 살 수 있는지, 기간과 함께 평가하는 것이 중요하다는 점을 지적했다. 간단하게 설명해보자면 지금 1년 동안 온 힘을 다해 일해서 100억 원을 버는 사람이, 마찬가지로 1년 동안 온 힘을 다해 일해서 1억 원을 버는 사람보다 당장 100배씩이나 더 행복하지는 않을 것이다. 그러나 100억 원을 번 사람은 남은 평생 힘들게 일을 하지 않고도 매년 1억 원씩을 쓰며 살 수 있다. 그렇다면 그 사람의 인생 전체를 보면 더 인생을 쉽게 즐길 수 있는 가능성이 높아지지 않겠냐는 뜻이다.

　그러고 보면 행복경제학은 행복이라는 쉽게 평가하기 어려운 대상을 다루기에 왜곡되기도 쉽고, 특정한 주장을 위해 한쪽으로 치우치는 연구가 등장할 수도 있는 분야라는 생각이 든다. 그렇지만 전 세계가 그 어느 때보다 풍요로운 경제 발전을 이룩한 시기에, 왜 그만큼 모두가 행복하다는 평가는

부족한가 하는 문제를 풀기 위해서는 앞으로 꾸준한 관심이
필요한 영역이라는 생각도 하게 된다.

2장. 돈의 역설

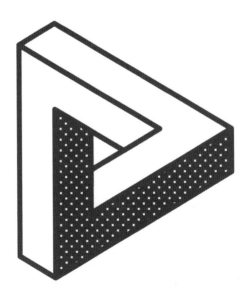

이카루스의 역설

Icarus paradox

캐나다 출신 경제학자이자 기업 전략 컨설턴트인 대니 밀러Danny Miller가 1990년에 펴낸 동명의 책에서 유래한 용어다. 성공한 기업이나 사람이 자신의 성공 요인에 안주해 혁신하지 못하고, 그 성공 요인 때문에 도리어 실패하게 되는 상황을 가리킨다.

미로에서 벗어날 단 한 가지 방법

그리스·로마 신화의 등장인물 중 다이달로스는 무척 재미있는 인물이다. 온통 신, 마법, 괴물로 가득한 신화의 이야기 와중에 다이달로스는 특이하게도 과학과 기술을 상징하는 사람이기 때문이다. 그는 뛰어난 기술이 있어 훌륭한 건축물과 정교한 조각품을 잘 만들었다고 하며 교묘한 기계 장치나 놀라운 발명품도 갖고 있었다. 그는 자신의 재주를 이용해서 신화 속 세계의 주인공들에게 내려지기 마련인 시련을 헤쳐 나갔다.

현대에 와서는 다이달로스보다도 그의 아들 이카루스가 더욱 잘 알려진 듯싶다. 그리스어로 그의 이름은 이카로스 Ἴκαρος인데, 워낙에 유명한 인물이다 보니 라틴어 내지는 영어식 표기인 이카루스Icarus로 한국에서는 더 친숙하다. 이카루스의 최후에 관한 이야기는 내용에 교훈적인 데가 있을 뿐 아니라, 그 극적인 장면이 인상적인 효과를 나타내기에 좋아서 옛 화가들의 미술 소재로도 자주 쓰였다.

이카루스의 사연은 대략 이런 내용이다. 다이달로스는 자신이 섬기던 왕이 감옥처럼 사용할 수 있도록, 아무도 탈출할 수 없을 만큼 복잡한 미로를 만들었다. 과학과 기술에서 뛰어난 그는 그 정도로 복잡한 미로를 설계하고 건설할 수 있는 실력을 갖고 있었다. 그런데 왕은 나중에 다이달로스 때문에 화가 나는 일이 생겨서, 다이달로스가 만든 그 미로 속에 다이달로스와 그의 아들 이카루스를 가두어 버린다. 어쩌면 왕은 정말로 그 미로가 완벽하게 사람을 가두어 둘 수 있는지 확인해 보기 위해, 미로를 만든 장본인을 가두는 실험을 하려는 마음을 품고 있었던 것은 아닌가 모르겠다.

다이달로스는 너무 성실하게 미로를 만들었다. 그래서 그조차도 미로에서 길을 찾을 수 없었다. 단, 미로는 지붕이 없이 벽으로만 둘러쳐진 곳이었기 때문에 만약 하늘로 날아오를 방법이 있다면 탈출을 생각해 볼 수 있었다. 다이달로스는 날아서 미로를 탈출한다는 꿈 같은 방법을 궁리한다. 그는 사람을 하늘로 띄울 수 있는 날개를 만들기로 한다. 아마도 그는 가끔 미로에 날아드는 새를 잡아 깃털을 구하고, 미로에 가끔 생겨나는 벌집에서 밀랍을 채취해 그것을 접착제처럼 사용했을 것이다.

깃털을 밀랍으로 붙여 마침내 날개를 완성한 다이달로스는 그것을 자신의 몸에 장착하고 아들에게도 달아 준다. 그리고 당부한다. "너무 높이 날면 날개가 망가질 수 있으니 조심해야 한다."

다이달로스와 이카루스의 날개는 멋지게 작동한다. 다이달로스의 기술은 그의 생각대로 완벽하게 맞아 들어, 두 사람을 하늘로 날아오르게 한다. 미로 위에서 유일하게 올려다볼 수 있는 바깥세상인 푸른 하늘을 향해 솟아오른 두 사람은 너무나 오래간만에 맛보는 자유를 즐기며 감동했을 것이다. 날갯짓을 하며, 두 사람은 미로 바깥을 향해 훨훨 날아올랐다.

이카루스는 하늘을 나는 즐거움과 흥분에 도취되었다. 그는 높이, 더 높이 날게 된다. 아버지의 경고까지 잊은 그는 하늘의 아주 높은 곳까지 치솟아 오른다. 결국 태양의 열에 이카루스의 날개 깃털을 이어 붙인 밀랍이 녹아내리기 시작한다. 날개는 부서져 흩어진다. 이카루스는 추락한다. 너무 높이 날아올랐기 때문에 너무 빠르게 추락한 이카루스는 목숨을 잃는다.

핀란드 국민 기업의 뼈아픈 후회

하늘로 날아오르는 꿈 같은 장면과 비참하고 안타까운 최후가 극적으로 대비되어 있기 때문에 이 이야기는 문학적인 비유로도 자주 활용되었다. '이카루스의 비상'이라거나 '이카루스의 날개'처럼 무모하지만 놀라운 도전을 일컫는 상징적인 표현으로 곳곳에서 활용되곤 했다. 예를 들어, 제임스 본드 영화 시리즈인 〈007 어나더 데이Die Another Day〉에서는 우주에 떠 있으면서 지구의 어느 곳이든 공격할 수 있는 최첨단 인공위성 무기의 이름이 '이카루스'였다. 한편 하늘을 날아오르듯이 빠르게 성장하며 사람들을 놀라게 하고 기대를 모았다가,

갑작스럽게 몰락해 망하는 사람에 대한 비유로 이카루스라는 말을 쓰기도 한다. 또 이카루스는 자신의 안전이나 아버지의 논리적인 경고보다도 하늘을 난다는 즐거움에 도취되었던 젊은이였기 때문에, 한 가지 목표에 대한 열정만으로 열심히 몰두하는 젊은이에 대한 비유로 언급되는 경우도 있다.

캐나다의 경제학자 대니 밀러는 1990년대에 자신의 저서에서 '이카루스의 역설'이라는 말을 사용했다. 밀러는 너무 높이 날았기 때문에 추락하게 되었던 이카루스의 처지를 기업 경영에 비유했다. 그의 주장에 따르면 너무 큰 성공을 거둔 기업은 바로 그 성공의 원인 때문에 오히려 망하게 될 가능성이 커진다.

최근 언론에서 가장 자주 언급되는 사건으로 예시를 골라보자면, 핀란드의 휴대전화 제조 산업을 꼽을 수 있다. 2000년대 들어 세상 모든 사람들이 자신의 전화를 하나씩 갖고, 어디에 가든 전화기를 들고 다닐 수 있는 시대가 시작되자 사람들의 삶은 빠르게 변화했다. 20세기에도 전화는 충분히 보급되어 있었지만 그때만 하더라도 전화기란 사람이 아니라 장소에 소속되어 있는 것이었다. 집에는 가족들이 공용으로 사용하는 집 전화가 있고, 직장의 사무실에는 회사 사람들이 공용으로 쓰는 사무실 전화가 있었다. 그러다 이동통신이 보급되고 휴대전화가 퍼져 나가면서, 의사소통하는 방법에 대한 생각이 뿌리부터 바뀌었다. 전화는 더 이상 건물이나 장소가 아니라 개인에게 소속되는 기계가 되었다. 전화를 언제나 들고 다니며 의사 표현을 위해 사용하게 되었고, 전화기는 한 사람의 개성과 생각을 담는 장치가 되었다.

이런 변화 속에서 핀란드는 성능과 품질이 좋으면서도 가격도 비싸지 않은 전화를 대량 생산 하는 데 성공하여 세계 휴대전화 시장에서 큰 성공을 거두었다. 20세기까지만 하더라도 세계 사람들에게 핀란드는 북유럽에서도 특히 북쪽에 위치해 날씨가 춥다는 정도가 가장 먼저 떠오르는 나라였다. 그런데 21세기 초, 핀란드는 휴대전화를 생산해 전 세계에 보급하는 IT, 통신업계의 강국으로 완전히 변모했다. 당시 핀란드의 휴대전화 회사는 세계에서 가장 많은 휴대전화를 판매하는 기록을 수년간 굳건히 이어 나갔다. 전자 제품 산업에서 전통적인 강자인 한국 회사나 일본 회사보다도 핀란드 회사가 더 휴대전화 판매 실적이 좋았고, 첨단기술을 자랑하는 미국 회사나 독일 회사보다도 핀란드 회사가 휴대전화 업계의 변화를 이끌어 가고 있었다. 핀란드 회사가 휴대전화 업계에서 1위를 차지한다는 것을 누구나 당연하게 여기며, 그 사실은 흔들릴 수 없다고 생각하던 시기였다.

2010년대에 접어들면서 상황이 완전히 변했다. 핀란드 회사를 이기기 위해 막대한 돈을 투자하고 있던 한국이나 일본의 전화기 제조업체가 마침내 경쟁에서 앞서 나가는 데 성공했기 때문일까? 전혀 아니었다.

아무도 이길 수 없을 것 같았던 핀란드 회사를 무너뜨린 곳은 전화기 제조업체가 아니라 엉뚱하게도 미국의 컴퓨터 회사였다. 스티브 잡스Steve Jobs가 CEO로 있었던 그 회사에서는 2007년에 스마트폰을 개발해 출시했다. 그 전부터 전화기처럼 들고 다닐 수 있는 작은 컴퓨터라는 제품을 구상한 회사들이 꽤 많이 있기는 했다. 하지만 이 미국의 컴퓨터 회사는 기술의 발전으로 이제는 스마트폰이라는 제품을 누구나 널리 사용할 수 있을 만한 시대가 되었다 여기고, 신기한 고급 제품이 아니라 평범한 사람들이 널리 사용할 수 있는 장치로 고성능 스마트폰을 개발해 판매한다는 계획을 추진했다.

핀란드 업계는 초창기에 스마트폰의 위협을 과소평가했던 것 같다. 가격이 비싼 데 비해 특별히 유용할 것은 없는 장난감 같은 장치라고 생각했던 듯 보인다. 저 정도는 재미있는 제품으로 주목을 받을 수야 있겠지만 수억 대, 수십억 대씩 전세계 모든 사람들에게 판매되며 돈을 버는 휴대전화 산업에서 큰 비중을 차지하지는 못할 거라 보았을 것이다. 하지만 오판이었다. 기술이 빠르게 발전하면서 스마트폰은 점점 더 유용해졌다. 스마트폰 산업에 뛰어드는 여러 다른 업체들이 등장해 힘을 싣게 되자, 스마트폰은 아예 사회와 문화 전반을 바꾸어 나가기 시작했다. 단순히 통화를 위해 전화기를 사용하는 세상이 아니라, 스마트폰에 나오는 글과 영상을 보면서 즐기고 일하는 행위가 일상생활의 모든 영역으로 침투해 들어오는 세상이 되었다.

그렇게 해서 스마트폰이 아닌 전화기를 살 이유가 그다지 없는 시대가 찾아왔다. 이런 변화는 10년, 20년 정도의 세월에 걸쳐 일어난 것이 아니다. 불과 몇 년 사이에, 도대체 무슨 변화가 일어나고 있는지 제대로 느끼고 적응해 보려고 하기도 전에, 아무도 넘볼 수 없었던 세계 최강의 회사가 단숨에 곤두

Icarus and Daedalus

Charles Paul Landon, 1799
Oil on Canvas, 54×44cm
Musée des Beaux-Arts et de la Dentelle, Alençon

박질쳤다. 결국 핀란드 산업의 상징과도 같았던 휴대전화 사업은 몰락하여 다른 회사에 팔려 버렸다. 지금도 이 핀란드 회사는 여전히 통신 장비 분야에서 꽤 뛰어난 기술을 갖고 있기는 하지만, 소비자에게 판매하는 전화기를 만드는 사업은 사실상 소멸해 버린 상태다.

성공은 실패의 아버지

도대체 왜 이런 일이 발생했을까? 핀란드 회사는 전화기 사업에서 많은 돈을 벌었기 때문에 자금도 풍부하고 전화기 사업에 대해 잘 알고 있는 인력도 풍부한 회사였다. 그러므로 전화기에 대해 이런저런 투자를 할 수 있는 여력도 있었다. 새로운 제품을 개발했을 때 전화기를 사는 소비자들이 좋아할 만한 모습으로 광고를 만들고, 다양한 경로로 그 제품을 판매하기 위한 영업망도 튼튼하게 갖추고 있었을 것이다. 스마트폰이 새로운 제품이기는 하겠지만 전화기를 제대로 만들어 본 적도 없었던 컴퓨터 회사에서 전화기를 만드는 것보다야, 세계 최고의 전화기 개발사였던 이 핀란드 회사가 더 제품을 잘 만들 것이라는 생각은 충분히 해 볼 만했다.

그런데 실제는 그렇지가 않았다. 핀란드 회사는 스마트폰이 아닌 옛날 휴대전화를 만드는 작업을 아주 잘하던 회사였다. 그래서 회사의 실력이 옛날 전화기를 만드는 곳에 특별히 집중되어 있었다. 옛날 휴대전화는 작은 크기, 독특한 모양,

간편하게 잘 누를 수 있는 단추 같은 것들이 중요했다. 그렇지만 스마트폰에서는 커다란 화면, 단순한 모양, 다양하게 활용할 수 있는 소프트웨어가 중요하다. 스마트폰을 잘 만들기 위해서는 예전에 잘하던 일들을 포기하고, 해 보지 않았던 새로운 일들을 해야 한다. 잘하고 있어서 성과도 좋고 평가도 좋은 일을 포기하고 잘할지 못할지 모르는 생소한 일에 뛰어드는 도전을 한다는 것은 두려운 일이다. 게다가 옛날 휴대전화를 만들던 기술자들의 일감을 줄이고, 승진을 늦추고, 재배치하며 묶어 두고, 스마트폰을 만드는 기술자들을 새로 고용해서 우대해 주어야 한다. 이런 조치를 하면 내부에서는 반발도 생길 것이다. 그에 비해 처음으로 전화기를 대량 판매해 보겠다는 미국 컴퓨터 회사는 어차피 처음 하는 일이니 두려워할 것이 없었다.

바로 이 때문에 핀란드 회사는 이카루스가 되었다. 옛날 휴대전화를 만드는 일에서 핀란드 회사는 아주 뛰어났다. 그래서 너무 높이 날았다. 옛날 휴대전화를 만들던 때의 강점을 포기할 수가 없다. 잘하던 사업을 버리고 다른 사업으로 갑자기 옮겨 갈 까닭도 없다. 결국 새로운 시대의 햇볕이 뜨겁게 내리쬐면, 높이 날게 해 준 날개는 단숨에 녹아내리고 몸은 빠르게 추락하게 된다. 성공한 회사이기 때문에 오히려 빠르게 망할 수 있다.

1990년대 중반 '파괴적 혁신distruptive innovation'이라는 말을 대유행시켰던 경영학자 클레이턴 크리스텐센Clayton Christensen 역시 비슷한 문제를 지적했다. 혁신을 일으키는 기술 중에는 가끔 그 기술과 겨룰 만한 과거의 기술을 완전히 파괴해서 없애 버리는 기술이 있다. 예를 들어 자동차가 개발되어 퍼지면 사람들은 더 이상 마차를 타고 다니지 않게 된다. 마차라는 과거의 산업이 완전히 파괴되어 버린다.

그렇기 때문에 파괴적 혁신을 일으키는 회사들은 과거에 별 볼 일 없어 잃을 것이 없는 작은 회사, 새로 생겨난 회사인 경우가 많다. 과거 잘나가던 회사들은 원래 하던 사업이 있기 때문에 파괴적 혁신을 꺼린다. 원래 잘하던 사업을 망치고 싶지 않기 때문이다. 마차를 많이 갖고 있어서 돈을 잘 벌고 있는 사업가가 있다면 굳이 마차 사업을 망칠 자동차에 투자하고 싶지 않을 것이다. 그러다 어느 날 자동차가 등장하면 마차 사업을 잘하던 사람은 대비하고 있지 않아 한순간에 망하게 된다. 실패는 성공의 어머니라던데, 파괴적 혁신이 등장하면 과거의 성공이야말로 닥쳐오는 실패의 아버지가 된다.

크리스텐센은 1970년대에 기독교 계열 종교의 선교 활동을 하기 위해 한국을 방문하여 춘천, 부산 등지에서 긴 시간 활동했고 그 당시에 '구창선'이라는 한국 이름으로 활동하기도 했다. 그저 막연한 상상일 뿐이지만, 당시 고도성장 시기 한국 회사들이 빠르게 급성장하며 다른 나라 회사들을 하나둘 앞서 나가는 모습을 생생히 목격한 것이, 그의 이론에 영향을 미치지는 않았을까?

호랑이보다 센 고양이

조금 더 범위를 넓혀서 따져 보자면, 이카루스의 역설은 수학과 통계학에서 말하는 과적합over fitting 문제와도 일부 통하는 면이 있다. 과적합이란 어떤 수치를 예상하기 위해 만들어 놓은 계산식이 지나치게 잘 들어맞으면, 나중에 오히려 그 계산식이 크게 틀릴 위험도 높아진다는 이야기다.

예를 들어 자동차가 어느 정도의 속도로 달리다가 충돌했을 때 피해가 얼마나 발생하는지 추정할 수 있는 계산식을 어떤 학자가 개발했다고 생각해 보자. 10킬로미터로 달리다가 충돌하면 자동차가 5.25퍼센트 만큼 부서지고, 20킬로미터로 달리다가 충돌하면 자동차가 15.33퍼센트 만큼 부서진다는 것을 알 수 있는 계산식을 만드는 데 성공했다. 이런 계산식은 본래 아주 정확할 수는 없다. 속도와 부서지는 정도를 세밀하고 정확하게 측정하는 데에는 한계가 있고, 차가 충돌해서 부서지는 것은 여러 요인이 복합적으로 작용하기 때문에 그때그때 달라지는 우연이 크게 작용한다. 그러므로 만약 자동차가 부서지는 정도를 예상할 수 있는 계산식을 만들었는데 그것이 필요 이상으로 너무 완벽하게 들어맞고 있다면, 그것은 무의미한 우연에 불과한 영향도 쓸데없이 따지고 있다는 뜻이고, 계산식으로 도저히 예측할 수 없는 결과까지도 괜히 억지로 꾸며서 맞히기 위해 불필요한 계산을 잔뜩 하고 있다는 이야기다. 다시 말해서 이런 계산식은 주어진 상황 이외의 경우에는 들어맞을 리가 없는 계산을 과도하게 하게 만든다. 이런 식으로 특정한 실험 상황에서만 필요 이상으로 너무 잘 들어맞는 계산식을 이용해서 여러 사람의 교통사고 피해 상황을 널리 예상하는 데 사용하면, 실험 상황 이외의 다양한 경우에는 도리어 아주 큰 오차를 내게 되는 경우가 발생할 수 있다. 이때 '과적합이 발생했다'고 말한다.

넓은 범위에서 이카루스의 역설을 생각해 보면, 파괴적 혁신은 기업 경영이나 산업 발전뿐만 아니라 그 바깥의 다양한 영역에서도 찾아볼 수 있다. 멀리 나아간 예 중에서는 사람이나 동물의 삶에서도 이카루스의 역설과 비슷한 상황이 펼쳐진다.

호랑이는 많은 동물이 경쟁하며 사는 깊은 산속 야생에서 살아남기 위해 아주 잘 적응한 생물이다. 덩치가 크면서도 빠르게 움직일 수 있고, 이빨과 발톱이 날카로우며 근육의 힘이 뛰어나 어떤 짐승이든 공격해서 이길 수 있다. 더 빠르고 크며 위험한 짐승이 살아남기 쉽다는 산중의 환경에 아주 잘 적응해 진화한 생물이다. 여기까지만 보면 호랑이는 진화의 승리자라고도 할 수 있다.

그러나 사람이라는 생물이 등장해 과학기술을 발전시키자 호랑이의 적응은 아무 쓸모가 없어졌다. 총을 들고 동물을 공격하고, 여러 사냥꾼들이 무리 지어 조직적으로 동물을 추적하는 상황에서는 이빨과 발톱이 날카로워 봐야 소용이 없다. 오히려 덩치가 크고 위험하기 때문에 사람들의 안전을 위해 퇴치의 대상이 되기 좋을 뿐이다. 말을 만들어 보자면, 총을 든 사냥꾼은 파괴적 혁신에 해당하며 호랑이는 이카루스의 역설에 빠진 모양이 된다. 그 때문에 20세기 들어 남한 지역에서 호랑이는 멸종하고 말았다. 반대로 호랑이보다 훨씬 약하고 덩치도 작은 고양이는 귀여운 모습을 지닌 덕분에 나날이 그 숫자가 불어났다. 산중의 왕으로 군림하던 호랑이는 이카루스의 역설로 추락하게 되었지만, 길에서 쓰레기통을 뒤지면서 살아남던 고양이들은 현대 도시 문명에서 그 어느 때보다 번성하고 있다.

추락하는 이카루스를 구할 안전그물

이렇게 보면 장점에 집중하고 단점은 포기해야 한다는 너무나 당연해 보이는 생각조차도 꽤 많은 경우에 들어맞지 않는다. 이카루스의 역설이 역설이라는 이름을 얻을 정도로 고민스러워 보이는 것도 그 때문이다. 소위 '선택과 집중'을 통해 장점, 잘하는 사람, 잘하는 조직을 키워 주고 못하는 것은 배제한다는 발상은 너무나 쉽게 할 수 있는 이야기다. 그러나 자칫 지금 무엇인가를 잘 하고 있기에 점점 더 잘하도록 이끌어 간다는 단순한 발상은 그만큼 세상의 새로운 변화에 적응할 수 있는 가능성을 잘라 낼 수 있다.

그렇다고 해서 반대로 잘하지도 못하고 생소한 일에 갑자기 뛰어든다고 한들 그 일이 성공할 가능성이 보장되는 것도 아니다. 지나고 보니 핀란드 회사가 그때 컴퓨터와 전화기가 결합된 스마트폰에 투자했어야 했다는 평가를 할 수는 있다.

하지만 막상 과거로 돌아가, 사람들이 "자동차와 전화기가 결합된 상품을 만들어야 한다."라는 둥 "인터넷과 전화기가 결합된 색다른 상품을 만들어야 한다."라는 둥 여러 가지 아이디어들을 던질 때, 어떤 도전에 무슨 가능성이 있는지 누가 알 수 있겠는가?

그렇기 때문에 이카루스의 역설을 푸는 해법으로 자주 언급되는 방책은 사회에서 비록 실패하더라도 꾸준히 새로운 도전이 이루어질 수 있도록 어느 정도는 두루두루 보장해 주라는 것이다. '저런 쓸데없는 일을 왜 하지?', '우리는 옛날 전화기를 잘 만들고 있는데 뭐 하러 스마트폰을 만드는가?' 싶은 생각이 든다 하더라도 어느 정도는 일이 벌어질 수 있도록 해 주어야, 언제 어떻게 닥칠지 모르는 파괴적 혁신을 버틸 수 있는 힘을 갖추게 된다는 논리다.

조직의 상층부나 정부 고위층의 시각에서 현재 성공 가능성이 높아 보이는 사업만을 관리하고 인위적으로 키우려 들 것이 아니라, 전혀 예상하지 못했던 새로운 사업이 등장하고 생소한 기술이 나타난다고 해도 사회에서 시도는 이루어질 수 있도록 길을 열어 주어야 한다는 의미로 볼 수 있다. 비록 실패한 도전이더라도 다양한 시도가 꾸준히 자유롭게 이루어질 수 있도록 사회가 노력해야 한다는 뜻도 된다. 비록 많은 실패가 이어진다 하더라도, 바로 그 실패의 누적이 추락하는 이카루스를 구해 줄 수 있는 안전그물이 될 수 있다.

레온티예프의 역설
Leontief paradox

'자본이 상대적으로 풍부한 선진국에서는 노동집약적 상품을 수입하고 자본집약적 상품을 수출한다'는 기존 통념과 반대되는 결과를 검증해 규명한 역설이다. 1953년 독일 태생의 러시아계 미국인 계량경제학자인 바실리 레온티예프Wassily Leontief가 주장했다.

경제성장의 동력이 된 가발 산업

대한민국의 풍요는 쉼 없이 머리카락을 붙이는 여성 청소년들의 부지런한 손끝에서 시작되었다고 볼 수 있다. 20세기 후반 한국 경제의 급성장은 제조업, 그러니까 공장에서 물건을 만드는 산업이 빠르게 발전하면서 이루어졌다. 그리고 처음 한국에서 공업을 일으킬 때 가발 공장이 어느 산업 못지않게 경제 발전에 큰 역할을 해냈다는 사실은 잘 알려져 있다. 1960년대 한국의 가발 공장들이 없었다면, 지금의 한국도 없었을 것이다.

한국 경제개발의 초창기로 돌아가 당시의 상황을 떠올려 보자. 공장을 짓고 물건을 만들어 해외에 수출해야 한다는 방향은 어느 정도 서 있었지만, 무슨 공장을 어떻게 지어야 할지는 답답하고도 막막한 문제였을 것이다. 만약 당시 한국이 훌륭하고 정교한 첨단 설비를 갖출 수 있다거나, 그 설비를 조작하고 개선해 나갈 과학기술인들이 많은 선진국이었다면, 비싼 값에 팔 수 있는 첨단 가전 제품 같은 것을 만든다는 생각도 해 볼 수 있었을 것이다. 그렇지만 1960년대 초의 한국에는 첨단 기술도 없었고, 기술이 있다고 해도 그런 기술을 이용할 수 있는 장비와 기계를 사다 놓을 수 있는 돈도 없었다. 그런 상황이었으니 한국에서 공장을 지어 경제 발전을 이룩하려면, 일단은 비교적 쉬운 기술로 만들 수 있는 제품을 택하고, 장비를 갖추는 데 돈도 덜 드는 산업을 키우는 수밖에 없었다.

그래서 주목을 받은 분야가 가발 산업이었다. 가발을 만드는 작업은 머리카락 또는 머리카락과 비슷한 재질의 실을 구해서 그것을 사람 머리 모양에 맞게 일일이 붙이는 일이 제조 공정의 핵심이다. 다른 공업 생산품과 비교해 보면 비교적 간단한 기술로 생산할 수 있으며, 비싸고 거대한 기계 없이도 만들 수 있다.

유일하게 중요한 것이 있다면 머리카락을 다루는 작업을 부지런히 할 수 있는 공장 직원들의 노동력이다. 마침 그 무렵 한국은 다른 나라에 비해 인구가 많은 편이었으므로 적은 월급을 받으면서도 성실하게 일할 사람을 구하기 유리한 환경이었다. 당시에는 중학교, 고등학교 과정이 의무교육에 속해 있지 않았다. 초등학교를 졸업하고 바로 일자리를 구하려고 했던 10대 청소년들, 특히 여성들이 대거 가발 공장에 입사해 일하는 사례가 많았다. 현대 한국 화학 연구의 초기 개척자 중 한 사람으로 꼽히는 오세화 박사는 대학 졸업 직후 한 가발 공장의 연구개발 직원으로 일한 적이 있었는데, "열몇 살 먹은 어린 여자아이들이 가발 공장 작업을 너무나 능숙하게 해내는 모습을 보고 많은 생각에 빠졌다."라고 언급한 적이 있다. 비슷한 증언은 다른 기록에서도 자주 보인다.

산업통상자원부의 기록에 따르면 한국 가발 산업은 1966년 한 해 동안 1,062만 달러의 수출 기록을 세웠고, 이후 한국의 모든 수출품의 10퍼센트를 가발이 차지할 정도로 한국 경제의 핵심을 차지하던 시기도 있었다. 이렇게 해서 벌어들인 돈으로 한국은 여러 분야의 산업을 개발하며 차차 다른 영역으로 경제를 발전시켜 나갔고, 인력과 기술에 대한 투자를 늘려 가면서 결국 지금과 같은 선진국으로 성장할 수 있었다. 말하자면, 부지런히 하루 종일 가발을 만들던 그 어린 10대 노동자들 덕택에 한국은 선진국이 되었다.

꼬리에 꼬리를 문 경제학자들의 무역 이론

이런 경제성장 과정은 어떻게 보면 나라가 발전해 가는 가장 잘 알려진 방식이다. 특히 국제무역으로 다른 나라에 물건을 수출하면서 돈을 버는 과정을 설명하는 이론으로 20세기 중반까지 주목받았던 헥셔-올린 모형Hecksher-Ohlin model과도 어느 정도 통한다.

헥셔-올린 모형에 따르면 돈이 많은 나라는 생산하는 데 돈을 많이 투자해야 하는 제품, 즉 자본집약적인 상품을 만들어 수출하게 된다고 한다. 반면 노동력이 풍부한 나라는 생산하는 데 사람 손이 많이 들어가는 제품, 즉 노동집약적인 상품을 만들어 수출하게 되는 일이 자주 발생한다. 예를 들어 부유한 사람들이 많고 돈이 많은 나라는 그 넉넉한 자본으로 거대한 반도체 공장을 지어 그곳에 자동으로 움직이는 값비싼 정밀 기계를 설치해 두고 반도체를 만들어 판다. 반도체는 자본집약적 상품이기 때문이다. 하지만 1960년대 한국 같은 나라라면 다른 장비는 많이 필요하지 않지만 싼값에 부지런히 일하는 사람들을 활용해야만 잘 만들 수 있는 가발 같은 노동집약적 상품을 만들어 파는 편이 유리하다.

헥셔-올린 모형은 상당히 인기가 있었다. 특히 19세기 초에 영국의 경제학자 데이비드 리카도David Ricardo가 제시한 고전적이고 기본적인 무역 이론의 발전 형태로 생각할 수도 있었다. 돈이 많은 나라는 밑천이 많이 드는 장사를 하면 유리하고, 일손이 많은 나라는 사람 손이 많이 드는 장사를 하면 유리하다는 식의 간단한 상식과도 잘 통했다. 그렇기 때문에 많은 학자들이 헥셔-올린 모형이 실제 상황과 잘 맞아들 수 있다 보고 구체적으로 세계경제의 수출, 수입에서 어떤 사례들을 찾을 수 있는지, 헥셔-올린 모형이 어느 정도나 정확한지 연구해 보고자 했다.

그런 학자들 중에 독일 출신이며 미국에서 활동한 바실리 레온티예프라는 경제학자가 있었다. 레온티예프는 '산업연관표'라는 표를 만들어 한 나라의 경제를 분석하는 방법을 개발한 업적으로 대단히 유명한 인물이다. 레온티예프는 산업연관표를 비롯한 경제학 연구의 업적으로 노벨상을 받기도 했다.

산업연관표란 여러 산업들이 어떻게 연결되어 돈을 주고받는지 표로 정리한 것을 말한다. 예를 들어 나무를 베는 일을 하는 회사는 그 사업으로 돈을 얼마를 벌고, 그 회사에서 나무를 사서 가공해 종이를 만드는 회사는 돈을 얼마나 벌며, 그 종이를 사서 책을 만드는 출판사는 돈을 얼마나 벌고, 그 책을 사서 판매하는 서점은 돈을 얼마나 벌고, 그 서점이 입주한 건물의 주인은 돈을 얼마나 버는지와 같은, 돈의 흐름에 대한 정보를 산업연관표로 모두 알 수 있다. 한국에서도 매년 한국은행에서 한국 경제에 대한 산업연관표를 만들어 발표한다. 나는 대학원 시절 한 교수님이 강의에서 "급하게 논문을 써야 하는데 뭘로 써야 할지 모르겠을 때, 마지막으로 희망을 걸어 볼 수 있는 최후의 마법 같은 수단이 바로 산업연관표다. 산업연관표를 한참 들여다보면서 뭐든 분석할 거리를 찾아 논문을 쓰면 된다."라고 말씀해 주셨던 것을 매우 인상 깊게 기억하고 있다. 지금도 마음속에 깊이 새기고 있는 교훈이다.

이와 같이 레온티예프는 한 나라의 경제를 조직적으로 분석하는 연구를 잘하는 학자였다. 그러니 수출품과 수입품의 특성을 숫자로 따져 얼마나 이론과 잘 맞는지 분석해 보려는 마음을 품었을 법도 하다. 그런데 산업연관표를 만들어 낸 레온티예프조차 정말 이해하기 어려웠던 수수께끼 같은 현상이 1947년에 발견되었다. 나라 간에 각자 잘 만들 수 있는 물건을 만들어 서로 사고판다는 무역의 상식인 헥셔-올린 모형이 깨지는 상황을 찾아낸 것이다.

그런 상황이 낯설고 알려지지 않은 특이한 나라에서 발견된 것도 아니었다. 레온티예프가 찾아낸 나라는 다름 아닌 미국이었다. 세계경제에서 가장 큰 규모를 차지하는 대표적 무역 대국인 미국에서 수출, 수입의 상식이 통하지 않고 있었다는 이야기다. 그렇다면 더 이상 그 상식을 '상식'이라고 할 수 있을까?

　미국은 부유하고 돈이 많은 나라다. 세상에서 가장 자본이 풍부하다. 상식에 따르면, 당연히 미국에서 해외로 수출하는 상품은 그런 미국의 장점을 잘 살린 물건이어야 할 것이다. 미국이 주로 수출하는 제품은 밑천이 많이 드는 제품, 곧 자본집약적인 제품이어야 한다. 반대로 생각해 보면 다른 나라에서 미국에 파는 제품, 즉 미국이 수입하는 물건은 사람 손이 많이 가는 노동집약적인 제품이어야 상식에 들어맞는다. 미국에 비하면 다른 나라들은 아무래도 돈을 많이 갖고 있다고 할 수 없다. 그러니 다른 나라들은 사람 손을 많이 들여 만드는 제품을 미국에 판다는 생각이 사리에 맞는다.

　그러나 레온티예프의 조사 결과 현실은 그렇게 단순하지 않았다. 미국이 다른 나라에 내다 파는 수출품을 만드는 데 든 돈을 따져 보니, 거기에서 노동이 차지하는 비중이 생각보다 컸다고 한다. 그에 비해 미국이 다른 나라에서 사 들이는 수입품을 만약 미국에서 생산한다 가정하고 그 제품 생산에 든 돈을 따져 보면 거기에서 노동이 차지하는 비중은 상대적으로 더 적었다. 말을 풀어 보면, 미국에서 잘 만들어 수출하는 제품이 오히려 싼값에 일하는 사람들이 많은 나라에서 주로 만들 것 같은 노동집약적인 제품이었다는 이야기다. 반대로 외국에서 만들어 미국이 수입하는 제품은 돈이 많은 나라에서 주로 만들 것 같은 자본집약적인 제품이었다. 미국만큼 돈 많은 나라가 어디에 또 있기에, 미국보다 돈을 더 투자하는 것을

Udarnitzi (Record Breaking Workers) at the Factory Krasnaya Zaria

Pavel Filonov, 1931
Oil on Canvas, 66.5×91.5cm
The State Russian Museum, St. Petersburg

장기로 삼아 제품을 만들어 수출할 수 있단 말인가?

이런 현상은 그때까지의 세계경제에 대한 상식과 반대로 꼬여 있는 것처럼 보였다. 그 때문에 이 문제를 흔히 레온티예프의 역설이라고 한다. 역설의 핵심은 가장 부유한 나라인 미국이 오히려 돈이 많을수록 만들기 유리하다는 자본집약적인 제품을 해외에서 수입하고 있다는 점이다. 혹시 미국보다도 훨씬 더 부유한 알 수 없는 수수께끼의 나라가 세계 어디엔가에 있어서 값비싼 장비와 거대한 기계들을 잔뜩 갖춰 놓고 다른 돈 없는 나라들은 도저히 만들 수 없는 고급 물건들을 만들어서 미국에 팔고 있을까? 그런 곳은 없다. 그렇기 때문에 후대의 많은 학자들이 바로 이 레온티예프의 역설을 풀 수 있는 방법을 찾아내기 위해 노력했다.

레온티예프 본인은 미국인들의 생산성productivity에서 그 이유를 찾았다. 즉 미국인들은 같은 일을 해도 다른 나라 사람들보다 훨씬 더 많은 돈을 벌 수 있는 재주가 있다는 이야기다. 그 말이 사실이라면, 미국은 굉장히 일을 잘하는 인력이 있는 나라라는 뜻이다. 즉 미국은 자본이 풍부하지만, 훌륭한 노동력은 더욱 더 풍부한 나라다. 사람 한 사람 한 사람이 할 수 있는 일의 가치가 높기 때문이다. 그렇다면 노동력이 풍부한 미국에서 노동집약적인 상품을 더 잘 만들어 다른 나라에 수출할 수 있다는 것은 말이 된다.

언뜻 생각해 보면 그럴 수가 있나 싶다. 미국 사람들이 다른 나라 사람들보다 머리가 두 배, 세 배 좋은 것도 아니고, 그렇다고 힘이 두 배로 세거나 팔이 넷 달린 것도 아닐 텐데, 어떻게 미국 사람들이 다른 나라 사람들보다 유독 일을 잘하는 재주가 있단 말인가? 그러나 다른 나라에 비해 교육 수준이 높고, 국가가 전체적으로 풍요로워 국민들이 모두 건강하다면 그렇지 않은 나라에 비해 일을 더 잘할 수 있는 경향이 생길 수 있는 것은 사실이다. 글자를 읽을 수 있는 사람도 많지 않은 열악한 개발도상국에 비하면, 국민 대부분이 중고등학교에서 교육을 받고 자동차 운전을 할 줄 알며, 간단한 기계 조작법에 익숙하고, 컴퓨터 쓰는 방법에 친숙한 사람이 많은 나라가 더 많은 일을 쉽게 처리할 수 있다. 여기에 더해 노동력을 단순히 노동력이 아닌 인적 자본human capital으로 생각한다면, 미국의 인력이 더 돈을 많이 벌 수 있는 방향으로 일할 수 있다는 이야기는 좀 더 설득력이 높아진다. 미국은 고등교육이 발달해, 수준 높은 과학기술을 가르칠 수 있는 대학과 교육기관이 많다. 그 덕택에 더 뛰어난 제품을 개발하고 더 싼값에 물건을 만들 수 있는 아이디어를 내는 인재들이 출현할 가능성도 높아진다.

게다가 물건을 사고팔 때 미국인들끼리는 더 친해지기 쉽고 더 협력하기 쉬우며 의사소통도 잘된다. 더군다나 이미 발전한 미국의 다른 산업들을 바탕으로 더 쉽게 일할 수 있다. 이 말도 곧 미국의 인력이 더 돈을 잘 벌 수 있다는 이야기다. 예를 들어 어느 볼펜 회사가 새로 나온 볼펜을 미국의 대기업에 대량 판매하기 위해 설득한다고 상상해 보자. 이런 상황에서는 말도 통하지 않고 문화도 다른 외국 사람이 그 대기업의 구매 담당자를 설득하는 것보다는, 같은 미국 사람이 설득하는 편이 아무래도 더 편리하다. 커다란 대기업에 영업하는 일이 더 쉬워진다면, 그것은 그만큼 돈을 더 잘 벌 수 있다는 의미가 된다.

레온티예프가 직접 제시한 레온티예프의 역설에 대한 풀이법은 현대사회에도 어느 정도 시사하는 점이 있다. 넷플릭스, 디즈니플러스 같은 영상 서비스 업체나 구글, 애플, 마이크로소프트 같은 소프트웨어 기술이 강한 회사들에서는 그 소프트웨어를 개발하는 뛰어난 인재들, 곧 노동력이 가장 중요한 역할을 한다. 넷플릭스에서 보여 주는 영화를 만들기 위해 많은 돈을 들여 지은 거대한 영화 공장 같은 것이 먼저 갖추어져야 하는 것은 아니다. 그보다는 좋은 각본을 쓸 수 있는 작가, 멋진 화면 연출을 할 수 있는 감독, 그리고 훌륭한 배우와 같은 인재와 노동력이 있어야 한다. 마이크로소프트의 컴퓨터 프로그램이나 애플에서 만든 소프트웨어의 아름다운 아이콘도 소프트웨어를 찍어 내는 공장의 규모가 커서 잘 만들어지는 것이 아니다. 그보다는 유능한 프로그래머와 디자이너의 손길이 중요하다.

즉 미국이 다른 나라에 비해 경쟁력이 뛰어난 첨단 기술 제품을 만들어 내는 데에는 그 첨단 기술을 개발할 수 있는 인재, 인력, 노동력의 비중이 크다. 그러므로 여전히 미국은 돈이 많은 나라이지만, 그러면서도 오히려 사람의 뛰어난 재주를 이용해서 돈을 벌 수 있는 제품을 외국에 수출한다. 1인당 GDP를 기준으로 추정해 보면, 한국인의 인건비는 미국 인건비의 절반밖에 되지 않는다. 그런데도 한국인들은 오히려 인건비를 많이 들여서 만들어야 하는 구글의 안드로이드 OS 나, 디즈니의 마블 영화를 미국에서 수입하고 있는 것이 현실 이다.

수수께끼를 풀어낼 또 다른 아이디어

레온티예프의 역설은 재미난 수수께끼인 만큼, 생산성이 나 인적자본으로 그 수수께끼가 완전히 풀리지는 않는다. 더 정밀한 방법으로 연구가 거듭되면서 생각보다 레온티예프의 역설이 심하게 나타나지는 않는 것 같다는 연구 결과가 나오 기도 했고, 연구자에 따라서는 미국보다 더 레온티예프의 역 설 현상이 심하게 나타나는 선진국이 있는 것으로 보인다는 연구 결과도 있었다. 그런가 하면 다른 풀이 방법을 제시하는 학자들도 있었다.

레온티예프의 역설의 풀이 중에는 미국의 수출품이 아니 라, 수입품에 좀 더 주목하는 경우도 있다. 미국이 많이 수입 하는 물건 중에는 몇 가지 천연자원이 있다. 천연자원은 땅에 있는 것을 캐내는 방식으로 얻는다. 그러니 만약 땅에 그 자원 이 아주 많다면 특별한 노력 없이 그냥 구해서 팔면 되는 것들 도 있다. 즉 이런 제품을 만드는 데에는 노동력이 별 필요가 없다. 사람의 노동력보다 훨씬 중요한 것은 바로 그 자원이 묻 혀 있는 땅이다. 그렇다면 생산에 자본의 비중이 유독 커 보일 것이다. 석유를 예로 들어 설명하면, 석유를 퍼내는 기계를 유전에 설치해 놓으면 그냥 거기서 나오는 석유를 팔면 그것으로 끝이다. 사람이 땅속에 들어가서 바가지로 석유를 퍼 와서 포장하는 것이 아니다.

실제로 미국은 외국에서 석유를 굉장히 많이 수입한다. 미국은 오랫동안 세계에서 석유를 가장 많이 수입하는 나라였다. 그렇다면 바로 이런 몇 가지 특이한 수입 품목 때문에 미국이 수입하는 제품은 사람의 노동력이 별로 안 들어가는 제품으로 보일 수 있을 것이다. 노동력이 거의 필요 없는 천연자원 수입이 많기 때문에 일종의 착시 현상이 일어나 레온티예프의 역설이 생겨난다는 뜻이다.

아예 전혀 다른 방향에서 레온티예프의 역설을 풀어 보려는 학자들도 있다. 리카도의 이론이나 헥셔-올린 모형과는 다른 관점에서 수입과 수출을 해설하는 학자들이다.

린더 가설Linder hypothesis은 어떤 나라가 다른 나라에 제품을 수출하게 되려면 우선 그 나라에서 그 물건을 많이, 잘 만들 필요가 있어야 한다고 지적한다. 한 나라에서 특별히 자국 사람들이 많이 원하는 물건이 있으면 자국 기업들은 그 물건을 많이 만들게 되고 더 잘 만들게 되므로, 그 물건이 필요한 다른 나라에 수출할 수도 있게 된다는 생각이다. 비교해 보자면 전통적인 무역 이론이 그 나라에서 물건을 만들기 위한 비용과 조건을 따지며 공급 관점에 초점을 맞추어 무역을 설명하려고 한다면, 린더 가설은 그 나라 사람들이 무슨 물건을 필요로 하느냐를 보는 수요 관점에서 무역을 설명한다.

이에 따르면, 미국 사람들은 특별히 노동력이 많이 들어가는 몇몇 제품을 원하는 경향이 있을 것이다. 미국 기업들은 그런 물건을 만들기 위해 특히 노력하고, 그러다 보면 그 물건을 잘 만들게 된다. 그래서 결국 해외의 다른 나라에 팔아도 될 만큼 경쟁력이 생겨서 수출도 할 수 있게 된다.

미국 사람들은 햄버거를 좋아하는데, 그렇다 보니 미국 회사들이 햄버거를 잘 만들게 되고, 나중에 다른 나라에 미국 햄버거를 수출한다는 이야기를 예로 들어 보면 린더 가설에 꼭 들어맞는다. 햄버거는 사람이 요리해서 만들어야 하는 음식이므로 노동력이 많이 들어가는 노동집약적인 제품이다. 린더 가설에 따르면, 어쩐지 미국 사람들이 이런 몇몇 노동집약적인 제품을 다른 나라에 비해 특히 더 많이 원하고 있고 자연히 그런 물건이 미국에서 잘 생산되어 외국에도 수출되는 것이다. 만약 이 말이 맞다면, 미국이 돈이 많은 나라이면서도 노동집약적인 제품을 해외에 수출하게 된다는 레온티예프의 역설도 이상할 것이 없어진다.

나날이 복잡해지는 국제무역의 관계망

레온티예프의 역설에 대해 이렇게 다양한 풀이가 있다는 것은 그만큼 쉬운 문제가 아니라는 의미다. 기술이 발전하고 무역이 발달한 현대의 국제경제에서 간단한 상식을 초월하는 사례가 많다는 점은 사실인 것 같다. 갈수록 이런 문제는 점점 더 복잡해지고 있다. 이를테면 미국에서 많이 생산되는 전기

자동차의 부품인 배터리는 한국과 중국에서 생산되는데, 배터리의 주원료인 리튬은 멀리 떨어진 남아메리카의 볼리비아에서, 코발트는 중앙아프리카에서 주로 생산된다. 코발트와 리튬을 캐서 배에 실어 태평양과 인도양의 수만 킬로미터 바다를 건너 한국으로 가져오면 그것으로 배터리를 만들어 다시 태평양을 건너 미국에 팔고, 미국에서 그 배터리로 만든 전기자동차는 대서양을 건너 다시 유럽에서 팔린다. 이런 것이 현대의 세계경제다.

어느 지역에는 뭐가 많이 나니까 그 지역에서는 무슨 사업을 하면 돈을 잘 벌겠다는 식의 단순한 계산은 이미 70년 전 레온티예프의 역설이 처음 발견되었을 무렵부터 잘 들어맞지 않았으니, 요즘은 이 정도로 복잡한 무역이 이루어질 만도 하다. 가발을 만드는 청소년들이 흘린 땀으로 겨우 쌓아 올렸던 한국 경제를 점점 더 무역의 그물이 촘촘해지는 미래에도 잘 키워 나가기 위해서는 이런 역설의 수수께끼를 잊지 않고 조심해야 한다는 생각도 같이 해 본다.

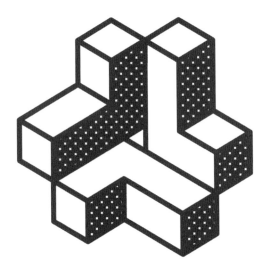

08

루커스의 역설
Lucas paradox

자본 이동은 자본이 풍부한 선진국에서 자본이 부족한 개발도상국으로 일어난다는 고전 경제이론의 예측을 깨고, 개발도상국에서 선진국으로 자본이 흘러가는 '자본 흐름의 역전'이 발생하는 현상. 미국의 경제학자 로버트 루커스Robert Lucas가 1990년에 논문을 통해 지적했다.

합리적인 이혼 합의

로버트 루커스는 1980년대 초부터 부인과 사이가 멀어져 별거 생활을 했다고 한다. 그러다 1988년 무렵에 부인과 정식으로 이혼을 하게 되었다. 이혼을 앞두고 둘이 같이 살면서 모은 재산을 서로 나누어 가지기 위해 협의를 했는데, 루커스의 부인은 독특한 계약을 제안한다.

"로버트 루커스가 앞으로 7년 내에 노벨상을 수상하면, 그 상금을 부인과 절반으로 나눈다."

루커스는 이에 동의했고, 둘은 이혼했다. 짐작건대, 부인은 자기 몫의 재산을 당장은 약간 양보하는 대신에 미래에 루커스가 목돈이 생기면 그때 돈을 달라는 의미로 이런 조건을 요구했던 게 아닌가 싶다. 루커스 입장에서는 당장 부인에게 주어야 할 돈이 줄어들고, 노벨상을 아무나 타는 것도 아니니, 혹시나 나중에 생길 상금에 대한 권리 정도는 약속해 줄 수 있다고 생각하지 않았을까.

세부적으로 따져 보면 제안 내용도 상당히 합리적이었다. 만약 10년, 20년 후에 루커스가 노벨상을 수상한다면 그것은 부인과는 관계없이 루커스 자신만의 노력으로 열심히 경제학을 연구한 공로로 상을 받았다고 생각할 수도 있다. 그에 비해 만약 이혼한 다음 날 바로 노벨상을 받는다면, 그 성과는 루커스가 열심히 경제학 연구에 몰두할 수 있도록 부인이 가정을 잘 돌본 덕을 상당히 보았다는 말이 꽤 설득력을 갖게 된다. 부인은 그래서 나름대로의 계산 끝에 7년이라는 기한을 제시했을 것이다. 만약 7년이라는 멀지 않은 시간 내에 노벨상을 수상한다면 그것은 이혼 전에 부인과 함께 지내던 시절 부인으로부터 받은 도움이 포함되어 있는 성과다. 그것은 인정해 주어야 한다. 대신에 7년이 지나면 이는 부인과 상관없는 일로 간주하겠다는 내용이다.

세상일이 재미있는 것은 정말로 나중에 루커스가 노벨 경제학상을 받았다는 사실이다. 그것도 기가 막히게 정확히 7년째인 1995년에 노벨상을 받았다.

세간에 도는 말로는 이혼을 하며 내건 조건의 마감 날짜에서 한 달도 차이가 안 났다든가, 몇십 일이 차이 났다든가 하는 이야기가 있기는 하다. 어쨌든 부인이 내건 조건과 거의 아슬아슬하게 맞아떨어진 시점에 노벨상을 받았다는 것은 맞는 이야기인 것 같다. 부인은 약속대로 노벨상 상금의 절반을 받아 갔다.

루커스는 합리적 기대rational expectation에 대한 연구로 유명한 사람이다. 단순화해 이야기해 보자면, 사람들이 무엇인가 행동을 할 때에는 현재의 상황만으로 행동하는 것이 아니라 미래에 일어날 일을 예상해 가면서 행동한다는 점에 초점을 맞춘 연구다. 자주 제시되는 예시로는 이런 것이 있다. 어떤 나라에서는 국민들이 돈을 너무 조금밖에 못 벌고 있어서 고민이었다. 하지만 어쩌다 보니 정부는 돈을 좀 많이 갖고 있었다. 그래서 그 나라 정부는 괜히 산을 하나 깎아 없애 버리는 사업을 일으킨다는 계획을 세웠다. 산을 없애려면 사람들을 많이 고용해야 한다. 그러면 고용된 국민들이 돈을 많이 벌 것이다. 정부의 계획대로 국민들은 돈을 많이 벌고 잘살게 된다.

이렇게 사람들이 돈을 많이 벌면, 분명히 돈을 더 많이 쓰려고 할 것이다. 돈이 생기면 집이 없었던 사람들은 집을 사려고 할 것이다. 집을 사려는 사람이 많아지면 집값이 오르게 된다. 이런 미래는 충분히 기대되는 일이다. 그렇다면 다시 처음으로 돌아가, 만약 어떤 나라에서 사업을 크게 일으킬 준비를 하면, 사람들은 곧 집값이 오를 것을 기대하므로 집에 대한 투자가 활발해져 집값이 빠르게 오를 수가 있다. 이런 일이 벌어지면 사업으로 사람이 돈을 버는 일은 아직 시작되지도 않았는데 괜히 집값만 올라 버린다. 사람들의 살림살이는 그만큼 더 힘들어지기만 한다.

그래서 루커스의 이론을 이야기하는 사람들은 경제를 따질 때 어떤 정책의 효과를 단순하게 예상할 것이 아니라, 사람들이 마음속에 품고 있는 합리적 기대를 복합적으로 고려하면서 섬세하게 따져야 한다고 주장한다. 그리고 많은 사람들이 노벨상 상금을 가져간 루커스의 전 부인이야말로 누구보다도 루커스의 합리적 기대에 대한 이론을 가장 현실에 잘 활용한 인물이라고 말한다.

예상과 현실의 차이

합리적 기대 외에 로버트 루커스가 지적한 경제의 또 다른 이상한 현상으로 루커스의 역설이 있다. 이런 것만 보면 루커스는 평생에 걸쳐 평범하고 쉽게 생각하고 넘어갈 만한 경제 현상의 빈틈이나 허점, 반대 의견을 찾아 골몰했던 사람인 것 같다.

돈이 많은 선진국 사람들이 돈이 더 적은 개발도상국에서 돈을 쓰고 투자하려는 경향이 있다는 것은 널리 퍼진 통념이다. 이미 수많은 대기업과 기술이 뛰어난 회사가 잔뜩 들어서서 모든 일을 치열한 경쟁 속에서 하고 있는 선진국 사람들은 개발이 덜 된 나라에서 돈을 벌 기회를 찾기 마련이다. 도시와 공장으로 빽빽한 선진국보다는 개발도상국에 가서 덜 개발된 땅을 개척해 농장을 만들고 광산을 파서 돈을 벌고자 한다. 개발도상국 사람들은 대체로 돈을 적게 주어도 더 열심히 일하기 때문에, 개발도상국에서 회사를 차리면 그만큼 돈을 덜 들이고 노동자로 하여금 더 많은 일을 하게 해서 많은 돈을 벌 가능성이 있다. 이 역시 선진국 사람들이 개발도상국에 투자하는 이유다.

이런 현상은 상식적인 일이다. 본래 돈이 많은 사람들이 돈이 적은 사람들에게 돈을 빌려주는 것은 당연한 일이다. 당

Allegory of Poverty

Adriaen van de Venne, 1630s
Oil on Panel, 54.6×42.2cm
Allen Memorial Art Museum, Oberlin

장 돈이 없어서 밥을 굶을 위기에 처한 사람은 돈이 많은 사람에게 돈을 빌려서 밥을 먹고 일을 한다. 그리고 이자를 얹어 그 돈을 갚는다. 돈이 없던 사람은 굶을 위기를 넘겨서 좋고, 돈이 많은 사람은 이자를 받으니 돈을 벌어서 좋다. 두 사람 모두에게 이익이다. 돈이 많은 나라는 돈이 적은 나라에 투자한다. 돈이 적은 나라는 그 나라에 공장과 회사가 생기니 일자리가 늘어나서 좋고, 돈이 많은 나라는 돈이 적은 나라에서 한 사업으로 돈을 더 잘 벌 수 있어서 좋다. 마치 물이 높은 곳에서 낮은 곳으로 흐르듯, 돈도 많은 곳에서 적은 곳으로 흘러야 한다. 이것이 자본주의경제에서 자연스럽게 일어나야 하는 일이다. 그리고 바로 이런 자연스러운 흐름 덕택에 자본주의 제도를 택한 세계의 많은 나라들이 경제발전을 이룩하며 잘살 수 있게 되었다.

그런데 루커스는 꽤나 자주 거꾸로 개발도상국의 돈이 오히려 선진국으로 들어오는 현상이 나타난다는 사실을 발견했다. 돈이 없는 사람이 돈이 많은 사람에게 돈을 빌려주려고 하는 셈이다. 도대체 어떻게 이럴 수가 있을까? 이것은 물살이 폭포를 거슬러 산 위로 올라가는 것처럼 이상한 현상이다. 그래서 여기에 루커스의 역설이라는 이름이 붙었다.

과거로 돌아가 9세기 말의 상황을 살펴 보자.『삼국사기』에는 889년, 전국에서 도적이 벌 떼처럼 일어났다고 적혀 있는데 대개 이때부터 후삼국 시대의 혼란이 시작되는 것으로 본다. 후삼국 시대는 936년 고려 태조 왕건의 후삼국 통일로 끝이 났으므로 대략 47년 동안 한반도 각지에서 온갖 군벌과 세력가들이 서로 실력을 겨루면서 전투를 일삼은 혼란의 시기가 이어진 셈이다. 그런데 889년에서 2년 앞선 887년, 신라 조정에서는 전국에 세금을 내지 않아도 된다는 명령을 내렸다. 이 시점은 진성여왕이 임금의 자리에 즉위할 때였으므로, 이를 기념하고 임금의 너그러움을 보이기 위해 세금을 면제해 준 것이라 볼 수 있다. 그러나 반대로 당시의 신라 경제가 세금을 걷을 수 없을 정도로 망가져 있었기 때문이라고 보는 의견도 종종 들린다.

비록 상상일 뿐이지만, 887년의 세금 면제는 사실 신라 조정이 베푼 은혜가 아니라 신라 전국의 세력가들이 세금 낼 돈도 없다고 선언했기 때문에 어쩔 수 없이 일어난 일이라고 생각해 보면 어떨까? 말하자면 당시 신라의 여러 도시와 성들이 앞다투어 모라토리엄moratorium을 선언했다고 생각해 보자는 이야기다.

모라토리엄은 지불 유예를 말한다. 즉 돈을 낼 때가 되었지만 도저히 돈이 없어서 갚지를 못하겠으니 지금은 못 갚겠다고 하는 것이다. 돈 갚을 약속을 어기겠다고 대놓고 말한다는 이야기다. 돈을 빌려준 사람은 나름대로 돈을 받으면 이런저런 곳에 쓸 것이라는 계획을 갖고 있었을 것이다. 그러므로 돈 빌려 간 사람이 모라토리엄을 선언해 버리면, 돈 받을 사람은 난처해진다.

뿐만 아니라 누군가 모라토리엄을 선언하면 그 후로는 다른 사람들이 모라토리엄을 선언한 사람을 믿지 못하게 된다. 돈을 빌려 가 놓고 또 못 갚겠다고 하면 낭패이기 때문에, 그 사람에게는 돈을 빌려주지 않으려고 할 것이다. 혹은 빌려주더라도 아주 나쁜 조건을 내걸 것이다. 그렇게 되면 모라토리엄을 선언한 사람 역시 손해가 생긴다. 미래에 남으로부터 투자를 받기도 어려워지고, 갑작스러운 일로 돈을 급하게 구해야 할 일이 생겼을 때 돈을 구하기도 어려워진다.

그래서 도시나 성이 모라토리엄을 선언하는 것은 위험하다. 어떤 정부가 "갚겠다고 한 돈을 지금 안 갚겠다."라고 해 버리면, 더 이상 그 정부를 믿기 어려워진다. 모라토리엄 이후로는 그 정부에서 만든 온갖 제도, 계획에 대해서도 국민들은 어느 정도 믿음을 거둘 수밖에 없게 된다. 그런 식으로 상황이 점점 심각해지면 최악의 경우에는 정부에서 도둑을 잡으라고 하거나, 군대에서 적과 싸우라는 말조차 듣지 않으려는 국민들이 생길 수도 있다. 1997년 한국 정부가 IMF 사태를 감내한 것은 그렇게 온갖 어려움을 감수하고라도 외국에 빚진 돈을 제때 갚아서 모라토리엄만은 피해 보려고 했기 때문이다.

그러나 887년의 신라처럼 경제 상황이 정말 안 좋은 나라들은 어쩔 수 없이 모라토리엄을 선언하려는 유혹에 빠지게 된다. 경제 위기로 긴 세월 고생하고 있는 아르헨티나를 비롯해 페루, 브라질, 멕시코 같은 나라들은 실제로 모라토리엄을 선언한 적도 있다.

세계적인 강대국인 러시아 역시 1998년 8월 모라토리엄을 선언했다. 그때는 한국 정부도 러시아에 받을 돈이 꽤 많이 있었다. 그러므로 러시아의 모라토리엄은 한국에서도 큰 문제였다. 러시아 입장에서도 러시아 정부가 거짓말쟁이가 되면 곤란하므로, 러시아 정부는 갖고 있던 여러 가지 무기들을 빚잔치 대신으로 한국에 주기로 했다. 이것이 소위 '2차 불곰 사업'(2002~2006)이라고 부르는 일인데, 그때 한국 사람들은 T-80 같은 최신형 탱크를 빚 대신 러시아에서 잔뜩 한국으로 가져왔다. 이때 가져온 탱크 중 일부는 지금도 대한민국 육군에 실전 배치되어 있다고 한다.

돈 날릴 나라를 피하라!

모라토리엄을 둘러싼 이런저런 이야기들로부터 루커스의 역설이 왜 일어나는지에 대한 한 가지 설명을 찾을 수 있다. 경제력이 약한 개발도상국들은 경제가 부실하기 때문에 돈이 없을 뿐만 아니라 경제나 정부가 불안할 위험이 있다. 다시 말해서, 개발도상국에서 농장을 만들고 공장을 지어서 돈을 번 뒤에 돈을 갚으라고 돈을 빌려주었는데, 갑자기 경제 사정이 너무 나빠져서 모라토리엄을 선언하는 바람에 그 돈을 제때 받지 못할 위험이 있다는 뜻이다. 모라토리엄으로도 빚 문제를 해결하지 못하는 나라는 소위 디폴트default라고 하여 아예 돈을 갚지 않겠다고 해 버리는 수도 있다. 디폴트는 돈을 빌려 갔지만 그냥 돈을 떼어먹겠다는 뜻이다. 이런 일이 벌어지면 자칫 투자한 모든 돈을 고스란히 다 날릴 수도 있다.

불안한 경제 사정과 경제정책 때문에 투자한 돈을 날릴 위험에는 모라토리엄이나 디폴트만 있는 것이 아니다. 그것 말고도 여러 가지 다른 일이 일어날 가능성도 생각해 볼 수 있다. 예를 들어 어떤 나라가 인플레이션이 너무 심해져서 물가가 빠르게 상승한다고 생각하면 그것도 큰 위협이 될 수 있다. 제1차 세계대전 후의 독일에서는 원래 가격이 1마르크였던 빵한 조각이 몇 달 만에 1억 마르크로 오르는 하이퍼 인플레이션이 발생한 적도 있었다. 만약 그런 나라에서 누군가 공장을 건설하기 위해 10억 마르크의 돈을 구해서 공사를 하기로 했는데, 갑자기 하이퍼 인플레이션이 일어나면 그 돈으로는 빵 열 조각 밖에 사지 못하게 된다. 크게 투자하기로 결심하고 많은 자본을 들여 독일 돈을 잔뜩 구했지만, 공장을 건설하기 위해 모인 작업자들이 아침 식사 한 번 하고 나면 그 모든 돈을 다 날리게 된다.

이렇게 한 나라의 정책이나 나라 전체의 문제 때문에 발생하는 경제적 위험을 흔히 뭉뚱그려서 소버린 리스크sovereign risk라고 부르는 경우가 많다. 원래 소버린은 한 나라의 지배층을 일컫는 말이므로 소버린 리스크라는 말은 해당 국가의 왕이나 지배자가 잘못해서 그 나라에 투자한 돈을 날릴 위험을 가리키는 말이었다. 그런데 민주주의국가들이 많은 요즘에는 그 나라의 전체적인 정치, 정책 상황에 얽힌 경제적 위험을 두루 말할 때에도 소버린 리스크라는 말을 자주 쓴다.

소버린 리스크에는 경제정책의 혼란뿐만 아니라 전쟁, 정변, 혁명 등의 위험도 포함되어 있다. 어떤 나라에 금광이 아무리 많다고 해도, 그 나라에 전쟁이 터져서 사람들이 다 목숨을 잃을 위기에 처하게 되면 금광에서 금을 캘 수 없게 된다.

이런 나라에는 사람들이 투자를 할 리가 없다. 어떤 나라에 첨단 기술 공장을 건설할 만한 땅이 아무리 넓게 펼쳐져 있다고 해도, 어느 날 정부의 반대파가 반란을 일으켜 나라를 장악하고 모든 공장을 다 압수할 위험이 있다면 그 나라에 공장을 건설하려고 자기 돈을 쓰는 사람은 없을 것이다.

이렇게 소버린 리스크가 큰 상황이라면 가난하고 개발이 덜 진행된 나라에서 역으로 부유한 나라로 돈이 흘러드는 루커스의 역설이 일어날 수 있다. 당장 옆 나라에서 군대가 쳐들어와 나라가 망할 위기에 처해 있다면, 그 나라 사람들은 가난하더라도 자신이 갖고 있는 재산을 최대한 안전한 외국으로 보내려 할 것이다. 특히 외국 중에서도 평화롭고 경제가 건실한 선진국으로 돈을 보낸다. 가난한 나라의 돈이 부유한 나라로 흘러간다.

이런 위험을 피하기 위해 1950년대 대한민국 정부는 미국에 어떻게든 한국에 많은 숫자의 미군을 배치해 달라고 요청했다. 그것이 한국의 경제발전을 위해 꼭 필요하다고 보았기 때문이다. 하루아침에 북한군이 남한으로 쳐들어올 위협이 크다면 사람들이 남한에 회사를 차리거나 공장을 건설하려고 하지 않을 것이다. 설령 남한에서 어찌저찌 돈을 버는 사람들이 있더라도 그 돈을 가능한 한 안전한 외국으로 빼돌리려고 할 것이다. 이러한 소버린 리스크를 없애야만 한국 경제를 발전시킬 수 있었으므로, 전쟁의 위협을 막을 수 있는 미군이 꼭 필요하다고 생각했다는 이야기다.

그 후에도 한국 경제가 튼튼하지 못하던 시기에는 외국에서 한국으로 돈을 빌려 오려면 대단히 불리한 조건과 높은 이자율을 감수해야만 겨우 빌릴 수 있었다. 아마도 불리한 조건을 감수하고 빌려 오는 빚을 의미하는 속어인 '딸라 빚(달러 빚)'이라는 말도 이러한 위험했던 과거의 경제 상황을 배경으로 탄생한 말 아닌가 싶다.

그러므로 루커스의 역설이 일어나는 한 가지 이유는 돈이 없고 가난한 나라일수록 정치 혼란과 경제 불안에 시달리는 약소국일 가능성이 높고, 소버린 리스크가 클 가능성이 있기 때문이다. 반대로 생각하면 루커스의 역설을 극복하고 경제를 발전시키기 위해서는 일단은 평화가 이루어져야 하며 국민들이 안전하게 살 수 있는 환경을 만들어야 한다. 또한 함부로 나라의 제도가 뒤집히는 일 없이 정부가 제도와 약속을 꿋꿋하게 지켜 나가는 신뢰감을 주어야 한다.

요즘과 같이 국제적인 금융 투자가 활발한 시기에는 꼭 전쟁이나 혁명 같은 큰 사건이 아닌 약간의 경제 환경 차이로도 루커스의 역설이 발생할 수 있다. 나라의 경제가 발전하지 않아 자칫하면 금방 망할지도 모르는 회사들만 많은 나라보다는 튼튼한 대기업이 많은 선진국에 투자하는 편이 더 안전하게 돈을 버는 길이라고 판단하는 사람이 많다. 그러면 자연히 돈은 선진국으로 몰리게 된다. 어느 가난한 나라에서 대단히 실력이 뛰어난 천재 축구 선수가 나타나서 엄청난 돈을 벌게 되었다고 상상해 보자. 그 선수는 자신의 막대한 재산을 실적도 나쁘고 빚도 많은 자기 나라 회사의 주식을 사는 데 투자하기보다는 건실한 선진국 기업의 주식을 사는 데 투자할 가능성이 높다. 심지어 자신과 자기 자식들이 살 집도 고향 나라보다는 모든 것이 편리한 선진국에 마련할지도 모른다. 그렇게 되면, 그 선수는 자신의 막대한 돈을 자기 나라가 아닌 선진국에서 사용할 것이고, 그 선수에게 물건을 팔면서 돈을 버는 사람들은 선진국 사람들이 된다.

기술 있는 곳에 돈이 간다

소버린 리스크 외에 루커스의 역설이 일어나는 또 다른 이유로는 기술의 차이를 꼽기도 한다. 과학, 문화, 지식, 인재가 중요한 현대사회에서는 다른 여러 가지 차이보다도 바로 그런 기술 영역의 차이가 경제발전에서 차지하는 비중이 더 크다는 점이 역설의 원인이 될 수 있다.

신발 공장을 지어서 신발을 만들어 파는 사업을 한다고 해보자. 신발을 만드는 작업은 사람 손이 꽤 많이 가는 일이다. 그렇기 때문에 사람을 싼값에 고용할 수 있는 나라에 공장을 건설하는 편이 유리하다. 20세기 중반, 미국이나 유럽의 신발 회사들은 그런 이유로 아시아에 신발 공장을 지었다. 그러면 미국 사람을 고용하는 돈의 절반 또는 반의 반만 주어도 아시아 사람을 고용할 수 있으니 적은 돈으로 물건을 만들 수 있었다. 1970년대와 1980년대 한국의 부산에 수많은 신발 공장이 건설되어 많은 돈을 벌어들인 것도 크게 보면 바로 그 인건비 차이 때문이다.

여기까지는 자연스러운 자본주의경제의 흐름 그대로다. 돈이 많은 미국에서 한국으로 돈이 흘러든다. 한국 사람들은 신발 공장이 생겨서 돈을 벌 수 있게 되었고, 미국 사람들도 한국에 투자한 공장이 잘되면 돈을 벌면서 같이 이익을 누렸다.

　　그런데 요즘 신발 산업은 과거와는 점차 달라지고 있다. 자동으로 신발을 만들어 내는 로봇이 계속해서 발전한다고 생각해 보자. 그러면 적은 돈을 받고 신발 만드는 작업을 하는 직원을 구할 수 있다는 점은 과거에 비해 큰 장점이 되지 못한다. 오히려 로봇을 다루는 기술을 갖고 있는 직원을 구하기 쉬운 편이 유리하다. 로봇을 조종하는 컴퓨터 프로그램에 익숙한 사람, 로봇을 개량할 수 있는 전자공학에 대한 지식이 있는 사람들이 많은 나라에 공장을 건설하는 편이 훨씬 좋다. 이 말은 그런 지식을 갖고 있는 사람들이 많은 나라, 즉 다양한 지식과 기술을 발전시킨 선진국이 오히려 공장을 운영하기에 더 유리한 나라라는 뜻이 된다.

　　요즘 세상은 그렇기 때문에, 힘들여 산에서 캔 광석을 팔거나 고된 농장 일로 먹고사는 사람들이 많은 개발도상국에서도 그 나라의 은행과 금융투자 회사 사람들은 미국과 중국의 첨단 소프트웨어 회사에 투자한다. 부유한 나라일수록 기술이 뛰어난 경향이 있으므로, 가난한 나라의 돈이 오히려 더 발전할 가능성이 높아 보이는 부유한 나라로 흘러가면서 루커스의 역설은 점점 심해진다. 현대의 고층 아파트에서는 대형 전기 펌프를 이용해 지하에서부터 수백 미터 높이의 가정까지 물을 퍼 올려 수도를 사용할 수 있게 한다. 그렇듯 기술의 차이는 자본주의경제에서도 돈이 없는 곳에서 돈이 많은 곳으로 돈을 거꾸로 흐르게 하고 있다.

09

경쟁의 역설

Paradox of competition

광고 비용 집행, 영업시간 연장 등 특정 경제주체에게 경쟁 우위를 가져다주던 조치를 다른 경제주체가 따라 함으로써 결국 단행한 조치의 이점이 없어지는 상황. 어떤 경우에는 새로운 조치를 도입하기 전보다 전체적으로 훨씬 더 불리해지는 결과가 생긴다.

편의점 옆에 편의점, 그 옆에 또 편의점

일전에 편의점이나 빵집이 한 지역에 너무 많이 생겨나는 바람에 원래 장사하던 사람들이 경쟁이 심해져서 힘들어한다는 보도가 있었다. 그러고 나서는 이미 가게가 있는 곳 주변에서 일정한 거리 안에는 제발 새 가게를 열지 말아 달라고 가게 주인들이 요청한다는 이야기도 뒤이어 나왔다. 이런 제도를 가게를 내는 데 제한을 둔다고 해서, '출점 제한 제도'라고 하는데, 편의점 사업이 특히 힘들어졌다는 2010년대 말부터는 편의점 업계 내부의 협약 형태로 시행되기에 이르렀다. 원래 편의점 출점 제한은 2021년 연말에 끝날 예정이었는데, 끝나기 직전 3년 더 연장하는 것으로 협의가 이루어졌다고 한다.

그러고 보면 이상하게도 편의점, 빵집, 카페 같은 곳들은 어느 한 지역에 지나치게 모두 몰려 있는 것처럼 보일 때가 있다. '이 동네에는 편의점이 없어서 불편한데, 하나 생기면 좋겠다.' 싶은 곳에는 편의점이 잘 보이지 않는데, 반대로 어떤 곳에는 한 건물에 편의점이 둘씩 있으며 바로 옆 골목을 돌아서면 또 편의점이 보일 정도로 많다. 이렇게 다들 모여 있으면 보나 마나 손님들이 나뉘어 버릴 테니 장사가 힘들어지지 않을까? 물론 목이 좋고 사람이 많이 다니는 곳이니 그만큼 장사하기 좋아 가게가 많을 수는 있다. 그러나 그 정도까지 많은 가게가 한 위치에 몰릴 필요 있을까?

이렇게 과도한 경쟁을 감수하면서도 가게들이 한 위치로 몰려드는 현상이 일어나는 이유를 밝혀낸 학자로 해럴드 호텔링Harold Hotelling이라는 미국의 수학자이자 통계학자가 잘 알려져 있다. 한국 유학생들이 자주 찾는 미국 동부의 사립대학교 중에 듀크대학교가 있는데, 그 학교가 있는 동네에는 호텔링의 이름을 딴 길이 있을 정도로 그는 통계학의 여러 영역에서 공헌한 인물이다. 호텔링이 널리 알리고 발전시킨 PCA(Principle Component Analysis) 기법은 복잡한 숫자들이 가득한 자료를 조직적으로 분석하는 좋은 수단으로 다양한 영역에 지금도 자주 쓰이고 있다. 호텔링은 흔히 경제학에 영향을 많이 끼친 학자라고 하지만, 나는 사람의 병을 치료하는 약을 개발하는 회사의 일을 도우면서 약의 성질에 대한 자료를 분석하며 PCA 기법을 처음 배웠다. 그만큼 널리 쓰인다는 뜻이다.

그 호텔링의 이름이 그대로 붙은 법칙으로 호텔링의 법칙Hotelling's law이 있다. 바로 이 법칙이 편의점과 빵집의 집중 현상을 분석하는 데 활용되는 이론이다. 이 법칙은 간단한 수학으로 왜 가게들이 같은 자리에 모여드는 경향이 생기는가를 설명한다.

중심을 기준으로 대략 윗마을과 아랫마을, 두 구역으로 나뉘는 동네가 있다고 생각해 보자. 평범한 한국 동네를 떠올린다면 윗마을과 아랫마을이 맞닿는 지역, 그 동네의 한가운데 중심에는 커다란 당산나무가 서 있다고 상상해 봐도 좋겠다. 만약 그 동네에 편의점을 단 하나만 세운다면 윗마을, 아랫마을 사람 모두가 찾아오기 좋은 마을의 중심지인 당산나무 근처에 세울 것이다. 그렇게 해야 동네 사람들 모두에게 평균적으로 가장 편리하다. 만약 윗마을 북쪽으로 편의점이 너무 치우쳐 있으면, 그 근처 사람들에게는 가까우니 아주 편하겠지만, 아랫마을 남쪽 끝에 사는 사람에게는 너무 불리하다. 아랫마을 남쪽 끝 사람에게는 편의점이 너무 멀어서 꼭 사고 싶은 물건이 있을 때가 아니면 편의점에 가기를 포기할지도 모른다. 그래서야 편의점 주인에게도 손해다.

그러니 모든 동네 사람들이 평균적으로 가장 가까이 갈 수 있는 위치를 찾아보면 동네의 중심인 당산나무 근처가 된다. 여기까지는 단순한 문제다. 발터 크리스탈러Walter Christaller 등의 학자가 제시한 지리학 이론의 고전인 중심지 이론central place theory에서도 같은 방식으로 문제를 풀이한다.

호텔링은 여기에서 한걸음 더 나아가서 만약 두 개의 편의점이 자리를 잡으려고 한다면 어떻게 되는지 따져 보았다. 간단히 생각하면 마을 사람 모두에게 편리하고 편의점 주인들도 쉽게 장사를 하기 위해서는 윗마을의 가운데에 편의점 하나, 아랫마을의 가운데에 편의점 하나가 들어서면 가장 좋다. 그러면 윗마을 사람들은 윗마을 편의점에 가고, 아랫마을 사람들은 아랫마을 편의점에 가게 될 것이다.

윗마을, 아랫마을의 가장자리 지역에 살던 사람들도 당산나무가 있는 동네 중심까지 갈 필요 없이 각각 마을 중심지까지만 가면 되니 더 좋다. 가장자리 지역에 살던 사람들은 더욱 편해진다. 편의점 주인들도 편하다. 윗마을 가운데에 생긴 편의점은 윗마을 사람들을 대상으로 장사를 하면 되고, 아랫마을 가운데에 생긴 편의점은 아랫마을 사람들을 대상으로 장사를 하면 된다. 그렇게 생각하면 서로 다투고 경쟁할 일도 없다. 이런 배치는 모두에게 가장 효율적인 위치다.

그런데 꼭 그렇게 편의점이 배치되어야 한다는 법이나 규정이 있는 것은 아니다. 누군가 다른 위치에 편의점을 세우겠다고 하면 말릴 수는 없다. 만약 여기서 말하는 편의점이 건물을 세워서 영업하는 편의점이 아니라, 이런저런 물건을 트럭에 싣고 다니며 장사하는 형태라고 생각해 보자. 그래서 여차하면 위치를 옮길 수 있다고 치자. 만약 윗마을에서 장사하던 트럭이 윗마을의 정가운데가 아니라 당산나무가 있는 동네 전체의 중심 방향을 향해 약간 옮겨서 장사를 하면 어떻게 될까?

일단 윗마을 사람들은 그래도 그 트럭에 가서 물건을 살 것이다. 윗마을의 가운데에서 벗어난 위치로 가 버렸으니 평균적으로 거리가 멀어지기는 했다. 그래도 윗마을 사람들 입장에서 보면 여전히 윗마을 트럭이 아랫마을 트럭 위치보다는 더 가깝다. 윗마을 사람들은 예전처럼 윗마을 트럭에 가서 물건을 산다. 윗마을 사람들의 상황은 바뀐 것이 없다.

그러나 아랫마을의 상황은 바뀐다. 아랫마을 사람들 중에 당산나무 가까이 살던 사람들, 즉 윗마을과의 경계 가까운 곳에 살던 일부 사람들에게는, 이제 윗마을 트럭이 오히려 아랫마을 가운데에 위치한 트럭보다는 좀 더 가까워졌다. 윗마을 트럭이 동네 전체의 중심인 당산나무를 향해 슬쩍 다가왔기 때문이다. 그러면 어떤 아랫마을 사람들은 윗마을 트럭에 가는 것이 더 편하다. 윗마을 트럭이 스멀스멀 아랫마을을 향해 약간 위치를 옮겨 왔기 때문에, 아랫마을 사람들 중 일부를 손님으로 더 가져갈 수 있게 된다는 뜻이다. 당연한 일이다. 아마 그렇게 아랫마을 손님까지 노리려고, 트럭을 슬쩍 당산나무 쪽으로 옮긴 것 아니겠는가?

이렇게 되면 아랫마을 사람 입장에서도 같은 작전을 쓰기 위해 좀 더 당산나무 쪽으로 가게를 옮기게 된다. 이런 식으로 두 가게가 서로 최대한 더 많은 손님을 얻을 수 있는 자리를 놓고 이리저리 다투다 보면, 결국 가장 좋은 위치는 두 마을의 정중앙인 당산나무가 있는 곳이다. 윗마을, 아랫마을에 각각 한 군데씩 가게가 있으면 훨씬 편리할 텐데, 두 가게가 서로 더 많은 손님을 노리고 경쟁하게 되면 두 가게 전부 최고로 유리한 단 하나의 지점에 모이는 수밖에 없다.

일단 그렇게 두 가게가 동시에 한 지점으로 모여서 사업을 시작하게 되면, 거기서 또 다른 곳으로 위치를 옮겨 봐야 더 유리해지지는 않는다. 그러므로 두 가게는 계속 그 자리에서 사업을 하게 된다. 게임이론에서 말하는 내시균형Nash equilibrium이 달성된 것이다.

이것이 호텔링의 법칙이다. 경쟁은 남과 달라지기 위해,

남보다 더 잘하기 위해 애쓰는 것이지만 경쟁의 결과 오히려 경쟁자들끼리 같은 작전을 쓰는 일이 발생하게 된다. 객관적으로 한발 떨어져서 살펴보면 손님에게도, 본인에게도 더 큰 이익이 되는 지점은 따로 있다. 그런데도 서로 자기 혼자 더 큰 이익을 추구하고자 하고 손해를 보지 않으려 경쟁하면, 경쟁 과정에서 가장 이익이 되는 지점이 아닌 내시균형이 달성되는 지점에서 사업이 이루어져 버린다.

경쟁할수록 떨어지는 경쟁력

현실에서 편의점이나 빵집이 중심지 한곳으로 모여드는 현상이 단지 호텔링의 법칙으로만 설명되는 것은 아니지만 적어도 호텔링의 법칙은 원인 중 하나다. 그리고 이 법칙은 경쟁이 어떻게 비효율을 초래하는지에 대해 명쾌하고도 간단한 한 가지 중요한 설명을 제시하고 있다.

예로부터 경쟁이 더 좋은 결과를 가져온다는 생각은 널리 퍼져 있었다. 경쟁을 핵심으로 내세우는 자유시장경제 체제에서 그런 생각이 유행하는 것은 어찌 보면 자연스럽고 경제 체제를 넘어서서 훨씬 더 넓은 범위를 보아도 경쟁이 좋은 결과를 가져온다는 생각은 흔하다. 예를 들어 신라 시대에는 독서삼품과라는 제도가 시행된 바 있다. 이것은 관리들이 책을 읽은 후 얻은 지식을 조정에서 평가하여 상품, 중품, 하품의 3등급으로 따지고 그래서 좋은 성적을 얻은 관리와 나쁜 성적을 얻은 관리를 경쟁시키겠다는 정책이다. 마찬가지로 현대에도, 설령 자유시장경제 체제를 도입하지 않은 국가나 사회라고 할지라도, 뛰어난 인재나 단체를 선발하기 위해 시험이나 대회를 치르고 그 과정에서 경쟁을 통해 더 우수한 사람이 나타나기를 기대하는 방식은 매우 흔하다.

그러나 호텔링의 법칙에서 볼 수 있듯이, 치열한 경쟁이 예상보다 비효율적인 결과에 도달하는 일은 충분히 있을 수 있다. 사실 경쟁이라는 행위의 바탕에 이런 위협은 이미 들어 있다. 그중에서도 소위 경쟁의 역설이라고 부르는 위협은 자주 언급된다.

경쟁의 역설은 더 잘하기 위해 애써 봐야 남들보다 월등히 잘하기는 어려우며 오히려 전체적인 이익은 줄어들 수도 있다는 점을 지적하기 위해 사용되는 말이다. 경쟁력을 얻기 위해 취하는 행동이 정말 효과가 좋다면, 남들도 같은 방법으로 경쟁력을 얻기 위해 그 행동을 따라 할 것이다. 결국 경쟁력을 얻기 위한 노력은 무효로 돌아갈 뿐 실제 경쟁력으로 이어지지 않는다는 의미다.

가장 쉽게 생각해 볼 수 있는 예시는 가게 여는 시간을 두고 이루어지는 경쟁이다. 보통 한국인들의 일상적인 퇴근 시각인 6시까지 장사를 하는 가게가 있다고 생각해 보자. 그런데 누군가가 남들보다 더 장사를 많이 하고 더 돈을 벌기 위해 7시까지 한 시간 더 가게 문을 열고 있기로 했다. 그러면 아무래도 더 오래 영업하는 그 가게로 사람들이 몰려갈 것이다. 그러면 그 가게는 더 높은 경쟁력을 확보하게 되고 돈을 더 많이 벌 수 있을 거라고 짐작할 수 있다.

그런데 말처럼 쉽게 경쟁력이 확보되지는 않는다. 7시까지 영업해서 많은 돈을 벌 수 있다는 사실이 그렇게 당연하다면, 다른 경쟁 업체들도 모두 7시까지 영업할 것이기 때문이다. 그러면 주변의 가게들에 비해 내가 나은 점이 없다. 경쟁력이 높아질 것이 없다는 이야기다. 그렇다면 남들보다 더 좋은 가게를 만들기 위해서는 이제 8시까지 영업을 해야겠다고 생각하게 된다. 실제로 8시까지 영업하는 것이 정말 돈을 버는 데 유리하다는 점이 확인된다면, 이번에는 다른 모든 업체들도 모두 8시까지 영업하게 된다. 그러면 이제 남들보다 더 잘하기 위해서는 9시까지 영업하는 수밖에 없고, 이런 식으로 경쟁 속에서 모든 가게들이 점점 더 영업시간을 늘리다가 결국 최대 한계인 24시간 연속 영업을 하게 될 수밖에 없다. 한국의 편의점 업계에서는 정말로 24시간 연속 영업이 가장 흔한 영업시간이다. 상상할 수 있는 가장 긴 시간 동안 영업하고 있는데, 그렇다고 해서 딱히 더 높은 경쟁력을 갖추지도 못한다.

이런 일은 경쟁의 모든 분야에서 일어날 수 있다. 심지어 돈을 벌고 사업을 하는 것과 별 관계가 없는 교육과 학습 영역에서도 경쟁의 역설은 뚜렷하게 관찰된다. 많은 학생들이 가고자 하는 대학에 입학하는 데 성공하려면 시험에서 좋은 성적을 얻어야 한다. 시험에서 좋은 성적을 얻기 위해서는 공부를 많이 해야 유리하다. 그래서 학교 수업과 숙제 이외에, 하루 한 시간씩 예습과 복습을 하는 학생이 있다고 생각해 보자.

Peasants Brawling over Cards

Adriaen Brouwer, 1630
Oil on Panel, 26.5×34.5cm
Gemäldegalerie Alte Meister, Dresden

그런 학생들이 전국에 조금뿐이라면 그 학생들은 정말로 높은 경쟁력을 갖게 되고 입시에서 유리할 것이다.

그러나 이런 방법의 경쟁에는 다른 모든 학생들도 다 참여해 따라 할 수 있다. 어떤 학생들은 하루에 두 시간씩 공부를 더 한다고 할 수도 있다. 그러면 또 다른 학생들은 하루에 세 시간씩 공부를 더 한다고 할 수 있다. 어떤 학생들은 돈을 들여 사설 학원에서 추가로 공부한다는 계획을 세우기도 할 것이다. 실제로 이런 일이 수많은 나라, 수많은 학생들에게 일어난다.

경쟁의 역설 때문에 모든 학생들이 이렇게 열심히 공부를 하는 방향으로 내달리면, 점점 더 경쟁은 치열해진다. 한국의 고등학생들은 아침 8시부터 밤 11시까지 온갖 예습, 복습, 보충수업, 자율 학습, 사교육에 시간을 쓰며 몇 년 동안 혹사하게 될 때도 있다. 성인 노동자의 노동시간조차 법으로 주 52시간이라는 제한을 갖고 있는데, 청소년인 학생들이 경쟁에서 이기기 위해 이런 노력을 기울인다는 점은 괴상하다. 그렇다고 학생들 모두가 원하는 것을 얻으며 보람찬 학교생활을 하는 것도 아니다.

이렇게 공부의 경쟁이 너무 과도하다고 해서 시험 범위를 줄인다거나, 공부해야 할 과목을 줄인다고 하더라도 경쟁의 역설이라는 그 본바탕이 되는 뿌리가 저절로 사라지지는 않는다. 예를 들어 시험 범위를 줄이면 학생들은 단 한 문제라도 틀리지 않기 위해 실수하지 않기 경쟁을 시작한다. 과목에 따라서는 간단한 지식을 두고 그것을 최대한 착각하기 쉽고 따지기 어렵게 꼬아 놓은 문제들을 누가 잘 푸느냐를 가지고 오히려 본래 공부보다 재주를 키우고자 경쟁하게 될 때도 있다. 그렇다고 시험 과목의 경쟁만을 무작정 완화하다 보면, 각종 경시 대회나 입상 실적, 여러 가지 체험 활동의 기회 등등이 대학 입시의 중요한 경쟁 대상이 되어 버린다. 경쟁의 역설을 일으키며 점점 더 학생의 부담을 크게 만든다.

경쟁의 역설은 가볍게 생각하면 사람이 너무 많은 욕심을 부려서 발생하는 일이라거나 사람의 뒤틀린 심리 때문에 벌어지는 현상이라고 여길 수 있다. 그러나 경쟁의 역설은 더 원초적인 일이다. 경쟁이라는 행위가 원래부터 경쟁의 역설이 일어날 수밖에 없는 이유를 품고 있기 때문이다. 경쟁의 역설은 사람이 아닌 다른 생명체에서도 쉽게 찾아볼 수 있다.

동아프리카의 초원 지대에서 서식하는 영양은 시속 80킬로미터 이상의 엄청난 속도로 달릴 수 있다. 사람, 개, 고양이, 소 같은 우리 주위의 평범한 동물들이 달리는 속도와 비교하면 어마어마하게 빠른 속도다. 빨리 달리는 것이 주특기라고 하는 토끼나 말조차도 이 정도로 빨리 달리기는 어렵다. 이렇게까지 빨리 달리면서 살 이유가 무엇인지 얼핏 상상하기도 어려울 정도다.

그런데 이런 동물이 사는 곳에는 시속 100킬로미터의 속도로 달릴 수 있는 치타가 산다. 아무리 육식동물이라 해도 고양이는 물론이고 호랑이 같은 대형 맹수도 시속 100킬로미터로 질주하는 재주를 가지기는 힘들다. 그렇지만 동아프리카 초원 지대에는 이렇게 빠른 동물들이 살고 있다. 다름 아닌 경쟁의 역설 때문이다.

　수백만 년 전에는 영양도 치타도 이렇게까지 빠르지 않았을 것이다. 먼 옛날 대략 시속 40킬로미터 정도의 속도로 달려 적을 피하는 영양이 살았다고 가정해 보자. 어느 날 진화를 통해 시속 45킬로미터로 달리는 치타가 등장했다. 그러면 그 치타에게 잡아먹히지 않고 살아남아 자손을 퍼뜨릴 수 있는 것은 우연히 새롭게 등장한 시속 50킬로미터 정도로 달리는 영양뿐이다. 얼마가 지나면 그 자손들만이 살아남아 퍼질 테니, 모든 영양들은 시속 50킬로미터로 달리게 된다. 치타 입장에서는 굶어 죽지 않고 살아남으려면 역시 시속 55킬로미터쯤으로 달릴 수 있는 후손이 등장하는 수밖에 없다. 이런 일이 계속해서 주거니 받거니 반복되면 나중에는 대단히 빠른 속도로 쫓고 쫓기면서, 그 속도를 위해 신체의 모든 부분을 바쳐야만 하는 놀라운 생물들이 나타나 자리 잡게 된다.

　생물의 진화에서 발견되는 이런 현상을 진화적 군비경쟁 evolutionary arms race이라고 한다. 진화적 군비경쟁은 서로 먹고 먹히고, 생존하고 자손을 퍼뜨리며 대를 이어 가는 온갖 생물들 사이에서 관찰되는 현상이다. 꼭 동아프리카의 초원까지 가지 않더라도, 생물이 갖고 있는 여러 독특하고 기이한 특징들을 거슬러 올라가면, 여러 생물들 사이의 경쟁과 한번 이루어진 경쟁을 무효로 만들어 더 심한 경쟁을 일으키게 하는 경쟁의 역설이 있는 경우가 많다. 예를 들어 몇몇 세균이나 곰팡이가 갖고 있는 대단히 강력한 독이나, 바이러스가 갖고 있는 신비로울 정도로 독특한 성질이 왜 출현했는지 이야기할 때,

진화적 군비경쟁으로 설명하는 경우가 있다.

경쟁의 핵탄두를 늘리다 보면

다행히 우리는 경쟁의 역설을 알고 있다. 그래서 사람의 사회에서는 경쟁의 역설로 인해 발생할 수 있는 문제를 방지하기 위해 여러 가지 제도나 장치를 도입하기도 한다. 한국을 비롯한 많은 나라에서는 특허나 저작권과 같은 지식재산권을 인정하는 제도를 갖추고 있다. 경쟁의 역설이라는 관점에서 보면 지식재산권 제도란 한 사람이 경쟁력을 갖기 위해 개발한 방법을 다른 사람은 따라 하고 싶어도 따라 할 수 없도록 처벌하는 제도다. 그러면 경쟁을 위한 나의 노력이 훨씬 쉽게 나에게 이익이 되는 경쟁력으로 이어질 수 있다.

내가 24시간 편의점을 더 편하게 운영하기 위해 사람 대신 편의점을 봐 줄 수 있는 로봇을 개발했다고 생각해 보자. 그 로봇을 조작하는 소프트웨어의 저작권을 인정받거나, 로봇에 들어간 기술을 특허로 등록해 두는 데 성공하면, 다른 편의점에서는 똑같은 로봇을 베껴서 사용할 수 없다. 그러면 나는 편안히 편의점 로봇을 운영하며 더 쉽게 장사를 할 수 있는 이익을 계속 누릴 수 있다. 이런 제도는 경쟁의 역설을 강제로 막아 보려는 시도다.

그런 제도가 얼마나 효과가 있는지, 부작용은 없는지 따지는 것은 쉽지 않은 일이다. 경쟁은 비록 경쟁의 역설이 초래되더라도 경쟁에 참여하지 않은 다른 사람에게 이익을 가져다 주는 경우가 있다. 그러면 상황은 더 복잡해진다. 24시간 편의점이 널리 퍼지면 편의점을 운영하는 사람들은 일을 너무 오래 해야 해서 힘이 들게 되지만, 소비자 입장에서는 밤에도 언제나 필요한 물건을 살 수 있으니 편리해진 부분도 있다. 사회에서는 오히려 반대로 경쟁을 하지 않기 위해 업체들끼리 서로 협상하거나 협약을 맺는 것을 '담합'이라고 하여 금지하는 경우도 많다. 휘발유를 파는 업체들이 휘발유값을 더 내리는 경쟁을 하기 싫어서, 서로 얼마 이하로는 휘발유값을 내리지 말자고 약속하는 행동은 법으로 처벌된다. 정부에서 자주 단속하는 편이다.

그렇다면 도대체 어느 정도 선까지 경쟁이 촉진되어야 하며, 어떤 경쟁은 너무 과다하니 하지 말라고 막아야 할까? 혼란스러운 문제인데, 그나마 정부 같은 공통된 규제 기관을 생각할 수 없는 국제사회에서의 경쟁은 더욱 해결하기가 어렵다. 이를테면 핵무기가 출현한 이후 시작된 국제사회의 군비 경쟁은 해결하기 어려운 문제에 속한다.

원자폭탄이 처음 개발되고 활용되었을 때, 많은 과학자와 사상가들이 그 막강한 위력에 충격을 받았다. 사람 한 명의 목숨도 대단히 중요하다는 생각이 긴 세월 여러 문화권의 윤리에서 강조되어 왔는데, 원자폭탄 단 한 발을 터뜨리는 결정으로 단숨에 그 지역에 사는 수만 명의 사람을 몰살시킬 수 있게 되었다. 만약 누가 실수로 이런 무기를 터뜨리면 그 피해는 얼마나 클 것인가? 어떤 악한 정치인이나 테러리스트가 갑작스러운 변덕으로 원자폭탄을 사용한다면 이는 얼마나 피해가 큰 사고가 되겠는가?

원자폭탄은 너무 강력하고 위험하므로 더 이상 개발할 필요가 없으며, 설령 개발한다 하더라도 몇 발 정도, 아주 조금만 있으면 될 거라는 생각을 가진 사람들이 많던 시절이 있었다. 1940년대 말에서 1950년대 초, 수소폭탄을 만들어 보자는 계획이 나왔을 때 반대하는 학자들이 상당히 많았다. 수소폭탄은 원자폭탄보다 더 막강하여 보통의 원자폭탄이 가진 힘의 100배에서 1,000배의 위력을 갖고 있다. 그 시절에는 이렇게까지 강력한 무기는 굳이 현실로 만들 필요가 없다고 보는 사람들이 있었다. 그러나 미군은 결국 수소폭탄 개발 계획을 실행할 수밖에 없었다. 경쟁의 역설이 만들어 준 이유가 어떤 다른 주장 이상으로 설득력 있었기 때문이다.

그 이유란 미군의 적인 소련군이 미군보다 먼저 수소폭탄을 만들면 어떡하느냐는 지적이었다. 미군이 아무 일도 안 하는 사이에, 소련군이 먼저 여태까지의 가장 강한 폭탄보다 100배 강한 폭탄을 갖고 있으면, 소련군은 미군을 이길 수 있을 것이고, 그러면 겁을 내지 않고 미군을 공격해 미국을 정복하려는 욕심을 품을 것이다. 설령 지금 당장은 소련군이 미군과 싸울 생각이 없다고 하더라도, 소련군이 100배 강한 폭탄을 갖게 되면 그때는 자신감을 갖게 되어 싸우고 싶어질 수도 있지 않겠는가? 그 주장이 설득력을 얻었다. 마침 수소폭탄이 개발되던 시기는 6·25 전쟁과 겹친다. 자본주의 세력과 공산주의 세력이 실제로 세계 한쪽에서 전쟁을 벌이고 있는 마당이었으니, 만약 미군의 적이 먼저 100배 강한 무기를 가지면 끝장이 아니냐는 두려움이 있었다. 그러니 경쟁에서 이기려면 먼저 수소폭탄을 만들어야 했다.

그렇게 해서 역사상 가장 강한 무기인 원자폭탄 실험이 이루어지고 채 10년이 지나지 않아 그보다 훨씬 강력한 수소폭탄 실험이 이루어지게 되었다. 실제로 소련군도 얼마 지나지 않아 수소폭탄 실험을 했다. 이후 미군은 미군대로 소련군보다 강한 핵무기를 얻기 위해 노력하게 되었고, 소련군은 소련군대로 그보다 더 강한 핵무기를 더 많이 만들고자 했다. 이런 식으로 계속해서 이어진 경쟁의 역설 때문에 세계의 여러 강대국은 보유한 핵무기의 양을 늘리기 위해 다 같이 더욱 많은 돈을 투자하기에 이르렀고, 이렇게 수십 년의 세월이 지나자 도대체 이렇게까지 많은 무기가 왜 필요한지 생각이 나지 않는다 싶을 정도로 까마득하게 많은 양의 핵무기가 세계 곳곳에 배치되었다.

1950년대 초의 과학자들은 단 한 발의 수소폭탄도 너무 위험하다며 그렇게나 두려워했다는데, 스톡홀름국제평화연구소의 2014년 추정 자료를 보면 미국 한 나라가 갖고 있는 핵탄두의 양만 7,000발이 넘는다고 한다. 러시아는 그보다 한참 더 많은 8,000발의 핵탄두를 갖고 있다고 하며 프랑스, 영국, 중국 등의 나라도 각기 200발 이상의 핵탄두를 만들어 두었다. 그렇게나 돈을 많이 썼지만 이제 세계가 평화롭고 안전해졌다고 생각하는 사람은 많지 않을 것이다.

한 가지 주목해 볼 만한 사실은 과거 가장 많은 핵탄두를 보유하고 있었던 소련이 1990년대 초에 스스로 망해 버렸다는 점이다. 소련의 멸망에는 다양한 원인이 있지만 소련이 무기를 개발하는 일에 지나치게 많은 돈을 사용하다가 경제가 어려워져 망했다는 설명은 한동안 인기 있는 분석이었다. 그렇다면 경쟁의 역설은 어쩌면 한 나라를 망하게 할 만한 중대한 문제의 근본 원인으로 더 깊이 관심을 가져야 할 현상이다. 말하자면 나날이 꼬여 가는 입시 제도는 한국의 학생들에게 한 발 두 발 핵탄두를 만들게 하는 일인지도 모른다.

가치의 역설
Paradox of value

사용가치가 큰 상품은 교환가치가 작고, 반대로 사용가치가 작은 상품의 교환가치가 큰 이율배반적 현상을 이르는 말로, 애덤 스미스가『국부론』에서 처음 사용했다. 애덤 스미스 역설Smith's paradox이라고도 불리는 이 역설은 100여 년이 지난 1870년대에 한계효용학파에 의해 해결됐다.

애덤 스미스의 자유방임

애덤 스미스는 흔히 경제학을 창시한 인물로 평가받는 18세기 스코틀랜드의 학자다. 현대사회의 수많은 조직이 경제문제, 즉 돈을 벌고 관리하는 일에 많은 전문가들을 고용해 힘을 쏟고 있다는 점을 생각해 보면, 세상 사람들이 가장 많은 시간을 들이는 문제를 처음 생각하기 시작한 인물이 바로 애덤 스미스라고 볼 수도 있겠다. 이 때문에 애덤 스미스는 스코틀랜드를 대표하는 학자이자 스코틀랜드 최고의 위인 중 한 사람으로 꼽히기도 한다. 스코틀랜드 사람들은 영국과는 구분되는 스코틀랜드만의 전통을 중시하는 경우가 많으므로, 혹시 누가 "애덤 스미스는 영국의 학자다."라고 말하면 "애덤 스미스는 스코틀랜드 사람이지."라며 수정하라고 할 가능성도 높지 않을까. 그만큼 애덤 스미스를 중요한 학자로 본다는 이야기다.

요즘 애덤 스미스의 『국부론』이 이야기하는 경제학, 다시 말해 고전 경제학이 흔히 강자의 편에 서는 경제정책, 부자를 위하는 제도를 옹호하는 생각인 것처럼 이야기될 때가 많다.

『국부론』하면 자유방임주의이고, 자유방임주의라면 그냥 마음대로 경쟁하도록 내버려 두라는 말이니, 치열한 무한 경쟁과 철저한 약육강식을 옹호하는 한편 세력이 강한 사람이 이기도록 방치하라는 살벌한 주장이『국부론』의 정신이라고 생각하는 듯하다. 약자를 위한 동정이나 평등을 위한 배려는 불필요하고, 서로 이기려고 다투는 사이에 경제가 발전한다는 식의 생각이 애덤 스미스 시대의 경제학이었다고 보는 것이다.

애덤 스미스를 흔히 경제학자라고 부르지만 그는 원래 철학자였다. 어떻게 보면 당연한 것이 스미스가 경제학을 개척하기 전에는 경제학이라는 학문도 없었을 테니 당연히 스미스가 경제학자가 될 수는 없었을 것이다. 철학자로서 스미스는 도덕과 윤리에 대해 긴 시간 연구했다. 그가 쓴 경제학 책『국부론』이 시대를 뛰어넘는 고전으로 인정받고 있지만, 정작 스미스 본인은 자신이 쓴 다른 책『도덕감정론The Theory of Moral Sentiments』에 그 못지않은 애정을 갖고 있었던 것 같다. 보기에 따라서 애덤 스미스는 생전에『국부론』보다『도덕감정론』에 더 많은 공을 들였다고 할 수도 있을 것이다. 그래서 그런지 막상『국부론』의 내용과 스미스의 사상을 살펴보면, 스미스의 사상은 비정하고 잔인한 무한 경쟁과는 전혀 다르다. 그가 자유와 경쟁을 강조한 것은 맞다. 그러나 그가 살던 18세기 시점에서 따져 보면 그것은 강자가 이기는 것이 옳다는 냉정한 주장이 아니라, 오히려 개인의 권리를 보호하기 위한 따뜻한 도덕에 가깝다는 느낌이 든다.

스미스가 말한 자유방임은 사람들이 돈을 벌기 위해 자유

롭게 하고 싶은 일을 하게 해 주어야 옳으며, 반대로 나라의
귀족, 독재자, 왕은 사람이 하고 싶은 일을 함부로 막으면 안
된다는 데 초점을 두고 있었다. 다시 말해 나는 내가 잘하는
일, 돈을 많이 벌 수 있는 일을 할 자유가 있고 그렇게 돈을 벌
면 나는 그것을 다른 사람의 간섭과 괴롭힘 없이 내 몫으로 챙
겨 갈 수 있어야 한다는 의미다.

　21세기인 지금은 너무나 당연한 일이라서 그런 것을 굳
이 강조해야 하나 싶지만, 귀족과 왕이 자기 마음대로 신
분이 낮은 사람을 괴롭힐 수 있던 과거에는 특별히 강조해
서 지적할 필요가 있는 중요한 주제였다. 18세기면 대부분
의 나라에 노예제도가 있으며 여러 형태의 신분제도도 남
아 있던 시대다. 이런 시대에는 많은 사람들이 자신이 하고
싶은 일, 자신이 잘하는 일을 마음대로 할 수가 없다. 주인
이 시키는 일, 높은 사람이 하라는 일을 해야 하기 때문이다.

　스미스는 이 문제가 나라의 경제력과 연결된다고 지적했
다. 어느 귀족이 광산을 하나 갖고 있었는데 귀족은 그 광산
에서 채굴한 금덩어리를 하나에 1,000냥에 팔고 있다고 치자.
그런데 어떤 사람이 땅을 파는 데 특별히 재주가 뛰어나고 금
을 캐는 좋은 도구도 개발해서 옆 광산에서 훨씬 쉽게 금덩어
리를 캘 수 있게 되었다. 그래서 그는 금덩어리 하나를 900냥
에 팔 수 있다. 이런 일이 발생하면 과거에는 귀족이 자신의
병사들을 데리고 갑자기 들이닥쳐서 계속 금덩어리를 싸게
팔면 채찍으로 치든지 가두어 버리겠다고 위협할 수 있었다.
애덤 스미스는 바로 이런 짓을 하면 안 된다고 주장한 것이다.

금덩어리를 캐서 싸게 팔 수 있는 자유를 보장해 주어야 재주가 뛰어난 사람이 더 금을 잘 캘 수 있다. 또 그렇게 해야 모두가 더 싼값에 금을 살 수 있게 되어 온 나라가 혜택을 입는다.

애덤 스미스가 지적하던 문제는 실제로 세계 각지에서 과거에 흔히 일어나던 일이다. 『조선왕조실록』 1619년 음력 4월 2일 기록을 보면 조정 신하들이 임금에게 조선에서 은을 캘 수 있는 은광이 잘 개발되지 못하는 이유를 분석해 보고한 내용이 있다. 당시 조선 조정에서 분석한 이유는 두 가지였다. 돌 속에 들어 있는 은을 뽑아낼 수 있는 기술이 부족하다는 것과 백성들이 조정의 태도 변화를 두려워한다는 것이다. 다시 말해, 힘들여 은광을 개발해서 은이 채굴되기 시작하면 어느 날 갑자기 임금님이 어명을 내려 "나라에서 꼭 쓸 데가 있으니, 캐낸 은을 내어놓아라."라고 하면 하루아침에 은을 고스란히 바쳐야 될 수도 있다는 것이 당시 사람들의 생각이었다. 힘 있는 사람이 마음대로 이익을 빼앗아 갈 수 있다면, 사람들은 굳이 힘들여 은을 캐려고 애쓸 이유도 없고, 은을 캐는 기술 개발에 투자할 이유도 없다. 그러므로 곳곳에 은을 캘 만한 곳이 널려 있어도 사람들은 캐려고 하지 않는다. 자연히 원래 은이 적은 나라도 아닌데 나라에는 은이 항상 부족해진다.

자유가 없으면 재미도 없다

이런 관점은 현대 경제의 문제에도 그대로 적용해 볼 수 있다. 어떤 나라에서 영화사들이 영화를 개봉한다고 해 보자. 재미있고 감동적인 영화가 인기를 끌어 흥행한다면, 재미있고 감동적인 영화를 잘 만드는 사람들이 돈을 벌 것이고 그러면 그 나라의 영화는 점점 더 좋아질 것이다. 자연스러운 애덤 스미스식 경제 발전이다.

그런데 만약에 영화를 상영하려면 아주 복잡한 자격 조건 시험을 통과해야 하는 제도를 만들고 어떤 회사가 평소에 친한 정치인들을 이용해 자기 회사한테만 유리한 시험이 출제되도록 한다면 어떻게 될까? 아예 한 영화사가 정치인들에게 뇌물을 줘서 다른 영화사 사람들에게 이런저런 죄를 덮어씌워 감옥에 가두거나 재판에 시달리게 한다면 어떨까? 이런 나라에서는 재미있고 감동적인 영화를 만들 수 있는 사람들보다 정치인에게 뇌물을 많이 줄 수 있는 영화사 혹은 정치인들과 친하게 지내는 사람들이 많은 영화사들이 돈을 벌게 된다. 영화인들이 자유를 빼앗긴 나라에서는 자연히 영화가 재미없어진다.

비슷한 일은 지금도 여러 나라에서 일어나고 있다. 애덤 스미스는 그런 식으로 정부나 독재자가 사람들을 괴롭히면 안 된다고 말하기 위해서 그런 짓을 하지 말아야 경제도 발전하고 잘살 수 있다는 주장을 폈다는 게 내가 그의 책을 읽으며 받은 느낌이다. 이렇게 보면 스미스의 자유방임 경제학은 비정하고 잔인한 것이 아니고 도덕을 연구하던 그의 사상과 반대되는 것도 아니다. 오히려 도덕적인 사회를 생각하고 사람들을 국가의 횡포에서 보호하기 위한 고민 속에서 탄생했다고 보는 것이 옳다.

그렇게 보면 애덤 스미스가 그의 경제학 연구에서 가치의 역설이라는 문제를 마주쳤을 때 깊은 고민에 빠질 만도 했다는 생각이 든다.

쓸모없는 다이아몬드

가치는 흔히 가격으로 표현된다. 1만 원짜리 USB 메모리보다는 2만 원짜리 USB 메모리가 보통 용량이 더 크다. 더 쓸모가 많고 더 가치 있다. 2만 원짜리 USB 메모리보다는 3만 원짜리 USB 메모리가 더 가치 있다. 더 좋다. 이것이 가치와 가격에 대한 가장 밑바탕에 깔려 있는 생각이다. 한국 옛 속담에도 '싼 게 비지떡'이라는 말이 있는데, 그 말도 가격이 낮다면 그만큼 가치가 없다는 의미다. 반대로 가격이 높은데 별 가치가 없다면 사람들은 속았다고 생각하거나 뭔가 잘못되었다고 느낀다. 무지개떡을 사 먹을 수 있는 값을 지불했는데 비지떡만도 못한 음식이 나오면, "이 가게는 다시 안 온다!"라고 욕하는 것은 삼국시대부터 대한민국까지 어느 시대든 같다.

그러나 가치와 가격은 조금만 더 따져 보면 훨씬 복잡한 문제다. 가장 자주 나오는 예시로 물과 다이아몬드의 가격과 가치를 비교해 보자. 물은 쓸모가 많다. 마실 수도 있고, 무엇인가를 씻는 데 활용할 수도 있다. 요리를 만드는 재료로도 쓸 수 있고, 여러 가지 화학 실험을 하는 데 사용할 수도 있다. 불을 끄는 데 쓸 수도 있고 더울 때 몸을 식히는 데 쓸 수도 있다. 물은 가치 있는 상품이다. 심지어 물이 없다면 사람은 살 수도 없다. 목숨을 유지하기 위해서도 항상 필요한 것이 물이다.

그에 비해 다이아몬드는 별달리 쓸모가 없다. 그냥 몸을 치장하는 장신구 정도로 쓸 수 있을 뿐이다. 과학기술이 발달한 현대에는 다이아몬드가 아주 딱딱한 물질이라는 점을 이용해서 다른 물질을 자르고 깎는 용도로 쓰는 경우가 있기는 하지만 이런 용도로 다이아몬드가 일상생활에서 아주 널리 쓰이는 것도 아니다. 보통 사람들은 대부분 그런 일을 하지 않고 지낸다. 그렇기에 예로부터 다이아몬드는 실용적으로 그다지 중요하지 않은 사치품이라고들 생각했다. 20세기 초 한국에서 유행한 연극 중 남자 주인공 이수일이 여자 주인공 심순애에게 "김중배의 다이아몬드 반지가 그렇게도 좋단 말이냐?"라고 말하는 대사는 100년이 지난 지금까지도 구식 멜로드라마 대사의 대표로 종종 언급되고 있다. 이 대사에서도 다이아몬드는 굳이 필요하지 않은 사치품의 상징이다.

그런데 어째서 생명을 유지하기 위해 꼭 필요한 물보다 별 쓸모도 없는 다이아몬드가 훨씬 더 값이 비싸단 말인가? 사람들은 별달리 가치가 높지 않아 보이는 어떤 상품에 왜 기꺼이 높은 가격을 지불하는가? 이것이 바로 가치의 역설의 핵심이다. 나는 애덤 스미스가 이런 문제에서 무언가 도덕적이지 않은 것 같다는 느낌을 받아 이 문제를 더 심각하게 여겼으리라는 생각을 해 본다. 어떤 사람이 다이아몬드를 사기 위해 큰돈을 쓴다고 생각해 보자. 다이아몬드가 있다고 해 봐야 별 쓸 데도 없는데, 차라리 그 큰돈을 가난한 사람들에게 나누어 준다면 그 사람들에게는 얼마나 큰 혜택이 되겠는가? 왜 부자들이 그 귀중한 큰돈을 쓸모없는 물건을 사는 데 소모해야 하는가?

도덕에 대한 고민에 더욱 깊이 매달린 조선 시대 성리학자들은 정말로 이런 역설을 심각한 정책 문제로 다루었다.『조선왕조실록』1788년 음력 10월 29일 기록을 보면 정조 임금이 은광에서 은을 캐는 일을 금지하는 제도를 시행하자고 주장한다. 자세히 살펴보면 좀 더 현실적인 배경이 있다는 이야기를 해 볼 수도 있지만 그렇다 해도 정조 임금이 주장한 핵심은 가치의 역설에 있다. 정조 임금은 은 같은 귀금속은 캐 봐야 사치품 만드는 용도에나 쓸모가 있을 뿐, 실용적이지 않다는 점을 중시했다. 농업 기술이 발달하지 않은 과거에는 어느 나라건 굶주리는 사람이 항상 있을 정도로 식량이 부족했다. 당장 굶는 사람이 있는데 온 나라 사람들이 곡식을 기르는 농사에 최대한 매달리는 것이 맞지, 부유한 사람들 몸단장하는 데나 도움 될 은을 구하는 일에 힘을 쓰며 매달린다는 것은 도덕적이지 않다고 본 것이다.

실제로 조선 시대에는 은을 캐는 일이 금지된 적이 있었고, 신하들은 그것이 백성을 사랑하는 임금의 착한 마음에서 나온 정책이었다고 칭송했다. 조선의 사상가들은 가치의 역설을 도저히 받아들이지 못해 산속에 금덩어리, 은덩어리가 묻혀 있는데도 캐지 않는 것이 옳다고 믿은 셈이다.

사용가치와 교환가치

애덤 스미스는 어떻게 했을까? 그도 다이아몬드, 금, 은을 구하려는 것은 부질없는 짓이니 중단하고 그보다는 차라리 물을 많이 구하는 편이 더 중요하다고 판단했을까? 스미스는 일단 현실을 인정하고 문제를 조금 더 깊이 살펴보았던 것 같다. 우선 그는 우리가 흔히 말하는 물건의 가치가 한 가지는 아니라고 보았다. 대표적으로 물건에는 사용가치가 있고 그와는 다른 교환가치가 있다. 쉽게 말해 보자면 사용가치는 그 물질을 사용할 때 뭐가 좋으냐 하는 것이다. 물은 여러 가지로 사용할 수 있고 사람이 꼭 마셔야 하는 것이니 사용가치가 충분하다. 이렇게 보면 사용가치는 우리가 일상생활에서 말하는 가치, 값어치라는 말의 뜻과 좀 더 가깝다는 느낌이 든다. 그에 비해 교환가치는 그 물건을 다른 물건과 바꿀 때 얼마 정도로 인정되느냐는 뜻이다. 우리가 일상생활에서 말하는 값, 가격이라는 말과 좀 더 가까운 느낌이다. 다이아몬드는 사용가치는 별로 크지 않을지 모르지만, 교환가치는 매우 높다.

보통은 사용가치가 높은 물건이 교환가치도 높다. 용량이 큰 USB 메모리가 값도 많이 나가는 것과 같다. 그러나 경우에 따라서는 사용가치와 교환가치가 큰 차이를 갖는 경우도 있다. 가장 극단적인 것이 지폐다. 5만 원짜리 지폐는 그 자체로 사용가치는 0에 가깝다. 5만 원 지폐에는 그림이 그려져 있어서 그 위에다 뭘 메모할 수도 없고, 휴지로 사용하자면 너무 거칠고 빳빳하다. 종이의 사용가치로만 따지자면 휴지만

도 못한 것이 5만 원짜리 지폐다. 그런데 대한민국 정부가 그 지폐의 교환가치를 5만 원으로 보증하고 있기 때문에 그것을 내면 5만 원만큼의 물건을 살 수 있다. 김광균의 시 「추일서정 秋日抒情」에서는 "낙엽은 폴란드 망명정부의 지폐"라는 구절이 유명하다. 이 구절은 교환가치를 보증하는 폴란드 정부가 망해서, 지폐의 가치가 낙엽 정도밖에 안 되는 사용가치 수준으로 낮아진 상황을 노래한다고 볼 수 있다. 이렇게 보면 「추일서정」은 가치의 역설이 무너진 상황을 아름다운 문학으로 표현한 결과다.

애덤 스미스는 사용가치와 교환가치가 어떻게 달라질 수 있는지는 명쾌하게 설명하지 못했다. 따라서 그는 결국 가치의 역설을 풀이하지는 못했다. 그나마 그는 노동가치설labor value theory을 통해 그 해결에 어느 정도 도전해 보려고 한 듯싶다. 스미스의 노동가치설은 물건의 가치가 그 물건을 얻기 위해 사람이 얼마나 노동을 했나, 얼마나 힘을 들였나에 의해 결정될 수 있다는 생각이다. 다시 말해 노동을 많이 해야만 얻을 수 있는 물건은 가치가 높아지고 값도 높게 매겨진다. 그에 비해 별 노동을 하지 않아도 얻을 수 있는 물건은 가치가 낮고 값도 낮게 매겨진다는 생각이다. 이 생각은 바로 와닿는다. 어떤 사람에게 하루 일을 시키려면 하루치 품삯을 주어야 하고, 사흘 일을 시키려면 사흘치 품삯을 주어야 한다. 사람이 하는 많은 일이 높은 액수의 돈으로 연결된다는 생각은 자연스럽다.

노동가치설을 기준으로 보면, 물과 다이아몬드의 교환가치 차이도 어느 정도 설명할 수 있다. 물은 어디서든 쉽게 구

Adam Smith

Unkwon, 1795
Oil on Canvas, 77×64cm
National Galleries of Scotland, Edinburgh

할 수 있다. 강물이나 샘물을 길어 와도 되고, 함부로 강물과 샘물을 퍼 올 수 없는 상황이라면 비가 올 때 큰 통을 가져다 놓고 받아도 된다. 특별한 기술을 익히기 위해 많은 노력을 하지 않아도 물은 대충 어디서든 구할 수 있다. 그런 만큼 물의 값은 낮다. 그에 비해 다이아몬드를 캐는 것은 힘이 드는 일이다. 다이아몬드가 어디 있는지 알아보고 찾아가는 데에도 많은 노력이 필요하고, 그런 지식을 얻기 위해서 배우는 데에도 많은 노력이 필요하다. 즉 다이아몬드를 얻는 데는 사람의 노동이 많이 들어간다. 투입된 노동이 많은 만큼 다이아몬드의 값은 비싸게 매겨진다.

나는 스미스가 갖고 있었던 도덕에 대한 생각이 그로 하여금 노동가치설에 더 호감을 갖게 했다는 짐작도 해 본다. 노동가치설은 사람이 땀 흘려 많이 일한 만큼 더 값을 받을 수 있다는 생각이다. 근면한 삶, 성실한 태도, 부지런히 일하는 인생의 미덕을 강조할 수 있는 도덕적인 삶에 대한 생각과 노동가치설은 통하는 점이 있다. 게다가 노동가치설은 이해하기도 어렵지 않다. 그래서 애덤 스미스뿐만 아니라 긴 세월 동안 많은 사람들이 노동가치설에 호감을 갖고 있었다.

하지만 노동가치설도 가치의 역설에 대한 명확한 해답은 아니다. 어떤 사람이 물을 구하기 위해 굳이 지하 몇천 미터 깊이로 구멍을 뚫어서 겨우 우물을 만들어 물 한 통을 얻어 왔고 그 과정에서 엄청난 노동을 했다고 한들, 수질이 비슷한 다른 물보다 더 값을 많이 받을 수 있는 것은 아니다. 마찬가지로 누군가 우연히 자기 집 뒷마당에 굴러다니는 다이아몬드

한 조각을 별 고생하지 않고 가볍게 주웠다고 한들, 그 다이아
몬드만 특별히 가격이 낮아지는 것은 아니다.

한계효용학파의 등장

혹시 아직까지도 가치의 역설이 해결되지 못했을까? 그렇
지는 않다. 스미스의 시대부터 거의 100년이 지나 한계효용학
파라는 새로운 경제학자들이 등장하면서 가치의 역설이 해결
되었다고 보는 것이 지금의 정설이다.

한계효용학파는 오스트리아 등지에서 활동했던 학자들
을 중심으로 하고 그 외에 영국의 윌리엄 제번스William Jevons를
비롯한 몇몇 19세기 후반 학자들을 묶어 일컫는 말이다. 이들
은 어떤 물건을 사용할 때 느끼는 효용ㅓ이 소비하는 과정에
따라 달라진다는 점에 주목했다. 다시 말해 물건을 하나 더 사
용하거나, 하나 덜 사용할 때 얼마나 효용이 더 많아지거나 더
적어지느냐를 유심히 보아야 한다고 주장했다.

나는 고등학교 시절에 한계효용이 무엇인지 기억하기 좋
도록 경제 선생님께서 "한계효용은 한 개 더 소비할 때 효용
이 얼마나 되는지 느끼는 것이다."라고 설명하셨던 것을 기억
하고 있다. 누가 배가 고파서 떡을 하나 집어 먹는다고 생각해
보자. 처음 떡을 한 개 먹을 때는 정말 맛있고 기분 좋을 것이
다. 이때 한계효용이 크다고 말한다. 두 번째, 세 번째 떡을 먹
을수록 배가 불러 오면서 처음처럼 떡이 맛있지 않게 된다. 그

러면 한계효용은 줄어든 것이다. 열 개째 떡을 먹을 때는 이제 배가 충분히 불러서 떡을 한 개 더 먹어 보아도 딱히 별로 기분이 좋지도 않다. 이럴 때, 한계효용이 0이 되었다고 한다. 다시 말해 똑같은 떡이지만 떡을 먹는 사람 입장에서 떡이 몇 개째냐에 따라 한계효용은 달라진다. 보통 점점 줄어든다. 이런 현상을 두고 '한계효용 체감의 법칙'이라는 그럴싸한 이름도 붙여 놓았다. 심지어 떡을 아주 많이 먹은 상태라면 떡을 더 먹으면 소화불량에 걸릴 것 같아 효용은커녕 고통으로 느껴질 수도 있다. 이런 상태라면 한계효용이 음수가 될지도 모른다.

한계효용학파는 물과 다이아몬드의 가격 차이를 그 물건을 사려는 사람들이 느끼는 한계효용으로 설명한다. 우리는 보통 물을 어디서든 쉽게 구할 수 있다. 어디든 흔해 빠진 게 물이라고 생각한다. 그렇기 때문에 누가 물을 한 병 더 준다고 해도 그 한계효용을 크게 보지 않는다. 그래서 물의 가격이 낮다는 이야기다. 그에 비해 다이아몬드는 극히 드물다. 다이아몬드는 닷새 동안 음식을 구경도 해 보지 못한 사람의 눈에 보이는 떡 한 개와 같다. 그래서 다이아몬드 하나를 얻을 수 있다면 그만큼 한계효용을 높게 평가한다.

한계효용을 이용한 설명은 더 다양한 상황에 적용해 볼 수 있다는 점에서도 아주 유용하다. 예를 들어 사막에 고립되어 구조를 기다리는 사람들 사이에서는 살아남기 위해 꼭 필요한 물이 굉장히 높은 교환가치를 가질 수도 있다. 어떤 부자가 자기가 갖고 있는 다이아몬드 반지를 줄 테니까 당신이 갖고

있는 물 한 잔만 마시게 해 달라고 부탁할 수도 있다는 뜻이
다. 모두가 목말라하는 사막에서는 물 한 잔의 한계효용이 대
단히 높아지는 상황이 발생할 수 있다.

뭔가 잘못되었다는 감각

한계효용학파가 가치의 역설을 해결한 후에도, 여전히 가
치의 역설은 사람의 마음을 건드리는 힘을 갖고 있다. 그래서
경제학 이론에서는 이미 해결된 가치의 역설 문제가 현실에
서는 뭔가 잘못되어 있다는 생각으로 이어지는 경우가 드물
지 않다.

지금도 사용가치와 교환가치가 큰 차이가 나는 상품이 나
오면 사람들은 여전히 그 가치의 역설에서 흔히 무엇인가 잘
못되었다는 느낌을 받는다. 유명한 브랜드를 붙여 놓은 신발
이나 가방이 아주아주 비싼 값에 판매되기 시작했는데, 그조
차 쉽게 구할 수 없을 정도로 인기가 좋아서 물건을 사려는 사
람들이 새벽부터 가게 앞에서 줄을 서 있다면, 그 풍경은 기삿
거리로 보도된다. 그런 상황을 이해하기 어려워하는 사람들
이 많다. 그렇다고 해서 무작정 비싸 보이는 제품을 금지하자
고 할 수는 없다. 무턱대고 금지 정책을 펼치다 보면 자칫 조
선 시대 임금이 나라를 위해 멀쩡한 광산을 개발하지 말라고
하는 것과 비슷한 결과를 가져올지도 모른다.

비슷한 예는 찾아보면 더 많다. 부동산 거래가 활발할 때

별로 넓어 보이지도 않고 크게 좋아 보이지도 않는 집의 가격이 수십억 원으로 치솟으면 사람들은 뭔가 잘못되었다고 느낀다. 유명한 화가가 그냥 아무렇게나 붓을 굴린 것 같은 그림이 비싸게 거래될 때 사람들은 이상하다고 생각한다. 비트코인 같은 가상 자산의 경우, 그 실체는 사람이 이해할 수도 없는 숫자 뭉치일 뿐인데 어쩌다 높은 돈에 사고파는 사람들이 생겨나 교환가치가 대단히 높이 평가될 때가 있다. 이 중 어떤 것이 진지하게 해결책을 찾아야 하는 문제이고, 어떤 것이 단순히 항상 발생하는 평범한 가치의 역설일 뿐이므로 대수롭지 않게 넘어가야 하는지 알아차리기는 쉽지 않다.

게다가 가치의 역설이 항상 일어난다는 점을 받아들이기가 어렵기 때문에 그 대신 노동가치설 같은 발상에 사람들이 이끌리는 것은 지금도 일어나고 있는 일이다. 누가 뛰어난 실력이나 기발한 발상으로 단숨에 큰돈을 벌면, 그 성과를 인정하지 못하는 사람이 많다. 반대로 학교에서 공부를 많이 했고 시험 성적이 좋은 사람이 '나는 이렇게 노력을 많이 했고 성적도 좋으니 사회에서 돈도 많이 벌 수 있어야 하는데 그렇지 못하다니 부당하다.'라고 생각하는 일도 자주 일어난다. 인터넷 동영상 공유 사이트에서는 학자가 몇십 년간 연구하면서 진지하게 여기고 있는 문제를 설명하는 동영상보다, 그냥 누가 자기 집 고양이가 놀고 있는 영상을 올린 것이 훨씬 큰 인기를 끌어 더 많은 돈을 버는 일이 언제나 일어나고 있다. 어떤 사람들은 이런 것을 당연하다고 생각하지만, 어떤 사람들은 무엇인가 잘못되었다고 여긴다.

그렇기 때문에 나는 가치의 역설에 대한 탐구가 아직도 끝나지 않은 문제일 수 있다고 생각한다. 빠른 속도로 변화하는 세상에서 모두가 가치를 합의하기 어려운 상품들이 점점 더 다양하게 나타나고 있으니, 더 많은 가치가 더 큰 역설을 불러오는 일도 갈수록 더 많아질지 모른다.

3장. 숫자의 역설

브라에스의 역설

Braess's paradox

교통량이 일정한 상태에서 새 도로가 추가로 생기면 전체적으로 교통정체가 오히려 심해진다는 역설. 독일 수학자 디트리히 브라에스Dietrich Braess가 1968년에 논문을 통해 제시한 개념이다. 브라에스는 교통량이 몰리는 도로를 없애면 교통 정체가 개선된다고 설명했다.

도로가 막히는 이유

교통 체증에 대한 가장 간단한 설명은 도로에 비해 차가 너무 많으면 차가 밀리는 상황이 일어난다는 것이다. 차를 타고 다니려면 도로가 있어야 한다. 자동차 크기만큼의 넓이뿐 아니라 앞과 뒤로 안전거리가 확보될 만한 공간이 도로에 있어야 하고, 거기에 더해 차가 신호에 맞춰 움직이고 차선을 바꾸거나 회전을 해야 한다는 점을 고려하면, 차를 움직이면서 그만한 동작을 할 수 있는 공간도 확보되어야 한다. 그러므로 차 한 대는 그 차의 크기에 비해 훨씬 더 큰 크기의 도로가 있어야만 길 위에서 움직일 수 있다. 이렇게 생각하면 도로에 비해 차가 너무 많으면, 도로에서 차들이 필요한 공간이 가득 차는 현상이 발생할 거라고 예상할 수 있다. 만약 그렇게 되면 그중 누구인가가 목적지에 도착해 더 이상 도로를 사용하지 않게 될 때까지 기다려야만 내가 도로를 마음껏 사용할 차례가 돌아온다. 이런 현상이 결국은 차의 속도를 늦추는 교통 체증의 근본 원인이 된다.

그런데 여기에서 도로가 연결된 상태를 분석하면 비슷하

면서도 약간 다른 형태로 교통 체증이 일어나는 경우가 있다는 것을 알 수 있다. 예를 들어 서울 노원구를 가로질러 청담대교를 건너 송파구를 통해 지나가는 동부간선도로는 서울 동쪽과 인접한 경기도 주민들에게 매우 요긴한 도로다. 그 때문에 이 지역 사람들이 서울의 다른 지역으로 오가고자 할 때 동부간선도로를 이용하는 경우가 무척 많다. 의정부시, 도봉구, 노원구, 중랑구, 광진구, 강남구, 송파구 주민들은 일단 동부간선도로로 한 번 나왔다가 서울 곳곳으로 가는 것이 편리하다. 그렇기 때문에 동부간선도로라는 한 가닥의 길에 항상 차량이 몰려 심한 교통 체증을 겪는 경우가 많다. 서울 동부 지역 전체의 도로 넓이를 놓고 보면 차량에 비해 도로가 그렇게 부족하지는 않다고 하더라도, 동부간선도로라는 하나의 길을 주로 통과해야만 한다는 제약이 있기 때문에 동부간선도로와 그 주변의 교통이 심하게 막힌다.

이런 형태로 교통 체증이 일어나는 것을 병목현상이라고 한다. 병의 목 부분은 넓은 병 속 공간과 병 바깥의 넓은 공간을 연결하는 부분이다. 그렇지만 병목 자체는 좁고 가늘다. 병속이 아무리 넓다고 해도 바깥으로 나오려면 병목을 통과할 수밖에 없기 때문에 병목에 무엇인가가 막히거나 걸리면 그 영향은 굉장히 크게 나타난다. 전체 도로의 넓이가 차량의 숫자에 비해 부족하지 않아도, 그 차량들이 반드시 이용해야만 하는 연결 고리가 되는 지역만 놓고 보면 그 지역의 도로 넓이는 매우 좁다.

도로와 같이 여러 지점이 서로 다른 여러 가지 방식으로 연결된 형태에서 발생할 수 있는 문제를 따지고 풀어내는 이론을 전통적으로 수학에서는 그래프 이론이라고 한다. 시작하는 위치와 끝나는 위치가 있고 그 위치들이 서로 연결되는 길이 있는 모습이 마치 점을 여러 개 찍어 놓고 점들을 선으로 연결한 그림, 즉 그래프와 비슷하다고 보기 때문이다.

그래프 이론은 대칭, 공간, 기하학의 본질과 연결되는 대단히 심오한 수학 이론으로 발전할 수 있는 분야이면서 동시에 교통 체증 문제를 따지면서 사용할 수 있는 실용적인 연구를 포함하고 있기도 하다.

그래프 이론의 창시자로 흔히 레온하르트 오일러Leonhard Euler를 꼽는데, 애초에 오일러가 18세기에 본격적으로 연구한 최초의 그래프 이론 문제가 쾨니히스베르크라는 도시에 있는 일곱 개의 다리를 한 번에 통과하는 가장 효율적인 길을 찾아내는 것이었다. 수학에서 흔히 '쾨니히스베르크의 다리 문제'라고 하는 것인데, 오일러는 가장 좋은 길을 찾아내는 대신, 완벽하게 효율적인 단 하나의 길을 찾아낼 수 없다는 사실을 밝히는 것으로 연구를 마무리 지었다. 이것이 그래프 이론의 첫 번째 성과다. 이렇게 보면, 오일러가 처음 그래프 이론을 창시할 때부터 그래프 이론의 길이 멀고도 험하며 교통 체증은 결코 해결하기 쉽지 않은 문제라는 조짐을 드러낸 것 같다.

복잡한 연결망 모양의 그래프에서는 병목현상보다 훨씬 더 이상한 현상이 나타나기도 한다. 현대 그래프 이론 연구의 결과 중 기묘하면서도 괴상하고, 그러면서도 현실적으로 무척 와닿는 결과로 손꼽히는 것으로 1968년 독일의 수학자 디트리히 브라에스가 제시한 브라에스의 역설이 있다.

브라에스의 역설은 아주 단순하면서도, 처음 들으면 그런 일은 절대 일어날 수가 없다는 생각이 들 정도로 괴상하다. 그 내용은 이렇다. 도로망에서 유용하게 쓸 수 있을 만한 도로를 추가하면, 그 결과 그 도로에서 교통 체증이 도리어 증가하는 현상이 일어날 수 있다. 어떻게 그럴 수가 있을까? 그런데 정말 그럴 수가 있다. 도로 공사를 너무 많이 하다 보면 일이 힘들어져서 길이 잘못 만들어질 수 있다거나, 도로를 너무 많이 만들면 교통당국이 관리가 힘들어져서 상황이 어려워진다는 식의 문제를 생각해 볼 수 있을 것이다. 그런데 브라에스의 역설은 그런 것이 아니다. 브라에스의 역설은 현실의 경험이나 실제 교통 체증 문제를 잘 살펴봐야만 알 수 있는 문제가 아니다. 종이와 연필만 가지고 이론적으로 계산하는 과정에서도 발견할 수 있는 문제다. 단, 그렇다고 해서 브라에스의 역설이 이론적인 허상이고 현실에서는 관찰되지 않는 문제라는 뜻은 아니다. 브라에스의 역설은 아주 현실적인 일이고, 실제 상황에서도 상당히 자주 발견된다.

빠른 길로 몰리면 다 같이 막힌다

한 가지 혼동하면 안 될 것이, 브라에스의 역설은 전체적으로 교통량이 늘어나기 때문에 교통 체증도 증가한다는 생각과도 좀 다르다. 예를 들어 멋진 고속도로를 많이 만들고,

자동차가 있으면 훨씬 더 편리하게 지낼 수 있을 정도로 도시 환경을 바꾸어 버리면 사람들은 그만큼 차를 많이 활용하려고 할 것이다. 자동차가 없던 사람은 자동차를 살 것이고, 특별한 날에만 자동차를 타려던 사람들은 더 자주, 더 많이 자동차를 타려고 할 것이다. 그렇게 되면 원래는 차가 100대밖에 없던 도시에 차가 200대, 1,000대로 불어나고 그 때문에 교통 체증이 생겨날 수 있다. 실제로 시골길이 도시의 길보다 좁지만 교통 체증은 도시에서 더 많이 발생하는 이유도 도시에 교통량이 많기 때문이다. 도로를 건설하면 그만큼 도로를 쓰고 싶어 하는 사람도 생겨서 전체 교통량이 증가하고 그 때문에 교통 체증이 발생한다는 것은 실제로도 반드시 고려해야 하는 문제다.

그런데 브라에스의 역설은 그런 문제도 아니다. 브라에스의 역설은 전체 교통량이 늘어나지 않는 상황에서도 새로 도로를 건설하는 것이 오히려 교통 체증을 심하게 만들 수 있다는 것을 밝힌다. 그렇기 때문에 더욱 상상하기 어렵고, 그런만큼 도로를 만들고 도시를 설계할 때 오류를 저지르기 쉽다.

언뜻 생각하면, 전체 교통량이 그대로인데 도로를 하나 더 만들었다고 해서 교통 체증이 오히려 심해진다는 것은 불가능하다는 생각도 든다. 만약 아무짝에도 쓸모없는 빙 돌아가는 길을 하나 만들어 교통망에 추가했다고 가정해 보자. 그러면 교통 체증을 개선하는 데 거의 아무런 도움이 안 될 것이다. 그렇지만 도움이 안 될 뿐이지, 어차피 아무도 사용 안 하는 도로가 하나 생긴 것이니 교통 체증을 더 심하게 만들 거라고 생각하기는 어렵다. 도대체 어떻게 해야 길을 뚫을수록 길을 막히게 할 수 있을까? 그게 가능한가? 답은 오히려 반대다. 많은 사람이 아주 요긴하게 이용할 수 있는 좋은 도로를 하나 더 만들면 그 때문에 교통 체증은 더 심해질 수 있다.

많은 사람들이 자주 가는 백화점까지 가는 길이 두세 가지밖에 없는데 그 모든 길들이 다 빙 돌아가는 길이라고 해 보자. 그런데 갑자기 목적지까지 바로 질러갈 수 있는 지름길이 생겼다면 모든 사람들이 그 지름길로 몰릴 것이다. 그 때문에 지름길과 지름길 전후에서 굉장한 교통 체증이 발생하는 상황을 따져 보자. 이런 일이 너무 심하게 벌어지면, 그 지름길로 가는 사람은 오히려 지름길이 생기지 않았을 때보다 더 오랜 시간이 걸리는 상황을 겪을 수도 있다. 길이 생겼고 그 때문에 시간이 더 오래 걸린다는 이야기다.

혹시 여기까지만 보고, '그러면 그냥 지름길로 가지 않고 원래 돌아가는 길로 가면 되지 않을까?'라고 생각했는가? 좋은 생각이다. 맞는 말이다. 만약 이런 일이 발생했을 때, 사람들이 모두 지름길이 없을 때처럼 지름길을 무시하고 행동한다면, 그렇게 지름길을 모두 같이 무시할 수만 있다면 최소한 이전보다 시간이 더 오래 걸리지는 않을 것이다. 그렇다면 문제는 쉽게 풀리고 브라에스의 역설은 성립하지 않는다. 그냥 과거 상태로 돌아간다. 이 정도라면 역설이라고 부를 가치가 없다.

그러나 문제의 핵심은 교통 체증은 나 혼자 일으키는 것이 아니라, 여러 사람들이 다 함께 몰려다닐 때 일어난다는 데 있다. 지름길 때문에 생긴 극심한 교통체증이 다른 모든 도로에 영향을 미치고 있어서, 나 혼자 지름길을 포기한다고 해도 교통체증이 해소되지 않는다. 적어도 수백 명, 수천 명이 동시에 지름길을 포기해야만 교통 체증이 해소되는 상황일 때가 진짜 문제라는 뜻이다. 브라에스의 역설은 바로 그때 발생한다.

현재 교통 체증이 너무 심각하여 내가 지름길을 포기한다고 해서 당장 내 교통 체증 문제는 해결되지 않는다. 1,000명쯤 동시에 지름길을 포기하고 돌아가기로 하면 교통 체증이 해결되기는 할 텐데, 그러면 999명이 포기했을 때, 한 사람은 분명히 지름길로 가는 것이 더 낫다는 것을 알고 다시 지름길을 선택할 것이다. 그러면 결국 교통 체증은 해결되지 않고 되돌아간다. 누가 강제로 1,000명이 동시에 포기하도록 만들지 않는 한 각자 자기 관점에서 가장 적은 시간이 걸릴 길을 택하면 결국 지름길을 포기할 수 없게 되고, 그러면 그 누구도 교통 체증에서 벗어날 수 없게 된다. 이 역설에서 벗어나려면 교통 방송이나 자동차 내비게이션 프로그램이 각 개인에게 최선의 길을 추천하는 것이 아니라, 당장은 오히려 더 오래 걸릴지도 모르는 길을 추천해 주어야 한다. 그래야만 전체 교통이 분산되면서 모두의 교통 체증을 줄일 수 있다.

역설적인 브라에스의 역설

브라에스의 역설은 말로 설명하면 대단히 기이하고 희귀한 현상일 것 같지만, 숫자로 따져서 그래프 이론으로 풀이해 보면 간단하게 입증된다. 게임이론 관점에서는 이것을 원래 내시균형을 이루고 있었던 상태가 새로운 지름길로 인해 깨졌기 때문이라고 설명하기도 한다. 따라서 브라에스의 역설은 논리로 따졌을 때 정말로 역설이라고 할 수 있는 문제는 아니다. 차근차근 숫자로 따져 보았을 때에는 아무런 이상할 것 없이 명백하고도 자연스럽게 나타나는 상황이기 때문이다. 다만 그렇게 숫자로 따져 보기 전에 언뜻 감으로 생각한 것과 너무나 다르다. 그래서 꼭 역설처럼 느껴지기에 역설이라는 이름이 붙은 것이다.

브라에스의 역설은 뒤집어 놓고 보았을 때, 그 기이함이 더욱 강렬하게 다가온다. 만약 어떤 도시에서 브라에스의 역설을 일으키고 있는 도로가 하나 있다고 해 보자. 그렇다면 그 도로를 폐쇄하거나 제거해 버리면, 오히려 전체적으로 교통 체증이 줄어든다는 결과가 나온다. 많은 사람들이 애용하는 아주 중요하고 요긴한 길을 막아 버리면 도리어 전체적으로 차량이 더 수월하게 다닐 수 있다!

이런 상황을 도시를 운영하는 사람이 막연히 그냥 감으로 떠올린다는 것은 거의 불가능에 가깝다. 브라에스의 역설이나 이에 대한 수학을 모르는 사람들 사이에서 "교통 개선을 위해 무척 중요한 도로 하나를 없애겠다."라고 주장한다면,

The Stagecoach Road
in the Country with a Cart

Paul Sérusier, 1903
Oil on Canvas, 73×92cm
Private Collection

시 당국의 모든 사람들이 반대할 것이고, 정치인들은 완전히 뒤집어진 헛소리를 교통 대책이라고 제시한다면서 손가락질 할 것이다.

그러나 브라에스의 역설은 실제로도 일어난다. 세계적으로 자주 거론되는 사례는 2003년 서울의 청계천 고가도로 철거다. 1960년대 후반에 건설된 청계천 고가도로는 서울 중심가인 종로구와 중구를 가로지르는 청계천 위를 지나던 도로다. 청계천은 조선 시대에 서울을 건설하면서 개발된 하천이었는데 20세기 중반 청계천 수질이 악화되면서 생활환경에 도움이 되지 못하는 상황으로 전락하고 말았다. 이 때문에 청계천 위를 덮어 청계천을 하수도처럼 사용하고 그 위에 차량이 도심지로 빨리 오갈 수 있는 거대한 도로를 만들어 30년가량 사용했던 것이 바로 청계천 고가도로였다. 그런데 2003년에 그 고가도로를 없애고 청계천을 복원하며 수질을 개선해서 공원처럼 꾸민다는 계획이 나온 것이다.

청계천은 조선 시대 유적이 많은 구역이기도 했고, 한번 크게 공사를 벌이면 다시 손대기 힘든 서울 도심 한가운데에서 복원이 이루어질 예정이었기에 공사 방향을 신중하게 결정해야 한다는 의견이 많았다. 다시 만든 청계천이 어떤 모습이어야 하는가에 대해서도 다양한 지적이 나왔기에, 지금도 청계천 복원 공사에서 부족한 점으로 거론되는 몇 가지 문제들이 남아 있다.

공사 당시에는 복원된 청계천의 모습에 대한 문제 제기 이상으로 교통 문제에 대한 걱정이 심각했다. 서울 중심가로 진입하는 가장 요긴한 도로인 청계천 고가도로를 몇 년 동안이나 막아 놓고 쓰지 못하게 하면, 그 때문에 서울 일대의 도로 흐름이 엉망이 될 것이고 극심한 교통 체증에 서울이 마비될 것이라고 걱정하는 사람들이 적지 않았다.

그런데 경이롭게도 약 2년간 5.8킬로미터에 이르는 핵심 도로를 막아 두었는데도 교통 체증이 별로 심해지지 않았다. 오히려 교통 사정이 더 나아진 듯하다는 느낌을 받는 사람들도 간혹 나올 정도였다. 당시에는 그냥 운이 좋았다거나, 우회 도로로 사람들이 미리 잘 분산되어 피해 갔기 때문이라는 분석들이 언급되며 넘어가는 정도였지만, 지금은 이때 벌어진 일이 브라에스의 역설이 역으로 활용된 상황이었다는 분석이 종종 나온다. 즉 교통량이 너무 심하게 많이 몰리는 길이 사라지면서 그 지점이 유발하는 교통 체증이 줄어들었고 또 그에 따라 자연스럽게 교통량이 분산되면서 문제의 도로가 있을 때보다 교통 체증이 전체적으로 줄어들었다는 이야기다.

사람이 언뜻 생각하는 느낌과 완전히 정반대가 되는 브라에스의 역설을 찾아내려면 느낌과 감각적인 판단은 잠시 젖혀 두고, 문제를 숫자로 하나하나 따지며 풀이해 보는 수밖에 없다. 그냥 "당연히 이렇게 된다.", "도로를 막으면 교통이 더 막힌다는 것은 세 살짜리 애도 아는 상식이다.", "이 길을 뚫으면 직통으로 가는 길이 열리는 거니까 누가 봐도 교통이 더 좋아질 거다."라는 식으로 사람들끼리 생각만으로 토론하고 의논해서는 브라에스의 역설 같은 것을 알아채기란 어렵다. 오히려 그런 방식의 논의로는 문제를 해결한답시고 결코 답이 될 수 없는 엉뚱한 사업이 설득력을 얻어 헛된 비용을 쓰고 상황을 더 악화시킬 수도 있다. 처음 느낌과는 반대되는 주장이 사실임을 확인해야 하는 브라에스의 역설 같은 상황은 특히 민주주의사회에서 공동체를 위해 유의하여 다룰 필요가 있다.

단편적인 생각보다 중요한 분석과 계산

세계 각지의 교통 당국에서는 새로 도로를 건설하거나 있는 도로를 폐쇄하려고 할 때, 복잡한 컴퓨터 프로그램을 이용해서 교통 흐름이 어떻게 변할지 방대한 계산을 수행하는 경우가 많다. 현대 도시의 도로는 18세기에 오일러가 연구한 일곱 개의 다리 정도가 아니라 수백 개의 길이 어지럽게 연결되어 교차하고 있는 모양이므로 어떤 길이 어떤 영향을 미치는지 계산해 내는 것이 대단히 복잡할 수밖에 없다. 그러므로 계산 기술과 계산을 위한 컴퓨터의 성능에 대한 요구 사항도 무척 높은 수준이다. 지난 2018년 한국과학기술정보연구원에서 개인용 PC 2만 대를 동시에 가동하는 것과 같은 성능이라는 국가 초고성능 컴퓨터 5호기를 도입하면서 교통 체증 연구를 주요 활용 분야로 꼽을 정도였다. 최근에는 완전히 새로운 방식으로 작동하는 양자 컴퓨터를 개발해서 활용한다면 교통 체증 문제를 위한 분석에 돌파구가 열리지 않겠느냐 하는 의견도 자주 들리는 편이다.

브라에스의 역설이 수학의 이론 연구에서 도출된 만큼, 꼭 실제 도로가 아니더라도 도로와 비슷한 구조를 갖고 있는 틀을 적용해 다른 분야에서도 분석해 볼 수 있다.

예를 들어 통신망이나 인터넷망도 그래프 이론으로 따져 볼 때에는 도로와 별로 다를 바 없다. 많은 차가 빠르게 달릴 수 있는 넓은 도로는 많은 양의 자료를 주고받을 수 있는 고성능 회선이고, 좁은 길은 통신 속도가 느린 회선이라 보면 되고, 도로의 출발지와 목적지는 통신선이 연결된 두 대의 전화기나 컴퓨터와 같다고 생각하면 된다. 따라서 통신망에서 브라에스의 역설이 일어난다면, 힘들여 두 지역을 연결하는 통신선을 설치했는데 그것 때문에 오히려 인터넷 연결은 더 느려지는 현상이 발생할 수도 있다. 반대로 쓸데없이 한쪽으로 정보가 지나치게 많이 몰리게 하는 회선이 있다면 그 회선을 차단해서 전체 인터넷 속도를 더 빠르게 한다는 발상도 가능하다.

마찬가지로 전력을 공급하기 위해 발전소, 변전소와 도시를 연결하는 전선에서도 비슷한 현상을 찾아 분석해 볼 수 있을 것이고, 상수도와 하수도와 같이 이곳저곳에 복잡하게 연결된 채로 물이 흐르는 관들의 연결망에 대해서도 비슷한 방식으로 효율을 높이는 방법을 찾는 것 또한 가능하다.

최근의 연구 중 브라에스 역설의 또 다른 예시로는 애딜슨 모터Adilson Motter의 논문에서 읽은 생태계의 먹이사슬에 대한 사례도 있다. 보통 어떤 동물은 다른 생물을 먹이로 잡아먹고 살며, 동시에 자신은 또 다른 생물의 먹이가 된다. 예를 들어 매미는 참나무 수액을 빨아 먹고 살며 동시에 직박구리 같은 새들의 먹이가 된다. 이런 관계는 직박구리에게도 있어서, 직박구리는 매미를 먹지만 동시에 황조롱이에게 잡아먹힌다. 게다가 보통 한 생물은 한 종류의 생물만 먹는 것이 아니라 여러 종류의 생물을 먹고, 동시에 여러 생물에게 잡아먹힐 수도 있다. 즉 매미는 참나무만 먹는 것이 아니라 버드나무도 먹을 수 있고, 직박구리에게만 먹히는 것이 아니라 까치에게도 먹힐 수 있다. 어떤 동물이 누구를 먹고, 누구의 먹이가 되는지 관계를 표시해 보면, 마치 도시에서 수많은 집들을 많은 도로들이 연결하고 있는 것 같은 복잡한 지도 모양이 나타난다.

이렇게 생태계의 먹이사슬이 복잡한 연결망으로 표현되는 그래프 이론의 연구 대상이라면, 그 관계에서도 가끔은 브라에스의 역설과 같은 상황이 나타날 수 있을 것이다. 어떤 생물들이 멸종되려고 할 때, 멸종 위기에 놓인 생물의 숫자를 늘려 주면 오히려 전체 생물들이 더 빨리 멸종되는 현상이 발생할 수도 있다. 더 충격적인 것은 정반대로 어떤 생물들이 멸종되려고 할 때, 멸종위기종과 연관된 생물을 일부러 더 빠르게 멸종되도록 해 버리면 전체적으로 다른 생물들은 멸종을 피해서 더 오래 풍요롭게 살아남는 상황도 생길 수 있다는 것이다. 이런 상황은 막연히 동물을 보호하고 동물을 더 잘 살게 해주면 생태계를 보호하게 된다는 쉬운 생각과 완전히 어긋나 있다. 그 때문에 상상하기 어렵고, 받아들이기도 어렵다. 하지만 브라에스의 역설을 통해 충분히 예상되고 설명할 수 있는 상황이다.

어느 외딴섬에 염소 떼가 살고 있다고 해 보자. 염소는 풀을 잘 뜯어 먹을 뿐만 아니라 나무뿌리까지 갉아 먹는 식성을 갖고 있기 때문에 많은 식물을 먹어 치운다. 마침 그 섬에는 여름마다 왕성하게 자라나는 칡넝쿨이 있어서 그 칡넝쿨이 자라나는 만큼 염소가 먹어 치워 균형이 유지되고 있다. 그런데 기후변화가 찾아와서 갑자기 너무 심한 태풍이 몰아치는 바람에 어느 날 칡넝쿨이 아주 많이 죽어 버렸다. 염소의 숫자는 변화하지 않으니 많은 염소들이 칡넝쿨을 평소처럼만 먹어도 아예 칡넝쿨의 씨를 말려 버릴 정도가 된다. 그것만으로도 부족해서 염소는 이제 섬의 다른 식물들을 갉아 먹기 시작한다. 섬의 여러 꽃들과 나무들이 염소에게 먹혀 줄어들기 시작하면서 섬의 생태계는 빠르게 파괴되고, 섬에 사는 많은 식물들이 멸종되기 시작한다. 이대로 가면 결국 섬의 모든 식물은 전멸할 것이고 그렇게 되면 결국 먹을 것이 바닥난 염소 또한 전멸하고 말 것이다.

실제로 이 같은 일이 다도해해상국립공원과 한려해상국립공원의 무인도에서 일어나고 있다. 1970년대와 1980년대에 농가에서 소득을 높이기 위해 무인도에 그냥 풀어 놓고 알아서 살면서 숫자가 불어나기를 기대한 염소들이 지나치게 많이 번성한 것이다. 2000년대 중반 이후 이는 상당한 문제가 되어, 무인도에서 사는 염소들이 여러 섬의 식물들을 몽땅 갉아 먹어 없앨 정도로 불어난 곳도 많았다고 한다.

이런 상황에서 꽃이 줄어들어 멸종 위기이니 그 섬에 꽃을 대량으로 심는 사업을 진행한다고 해 보자. 어지간해서는 이런 사업이 문제를 해결하지는 못한다. 왜냐하면 꽃을 심는다고 해도 염소가 곧 그 꽃들을 먹어 치우면 상황은 과거와 같은 상태로 돌아갈 뿐이기 때문이다. 자칫하면 그 과정에서 편안하게 꽃을 먹는 염소의 숫자가 불어나는 바람에 오히려 예전보다 많아진 염소가 다른 모든 식물을 더 빠르게 멸종시킬지도 모른다. 꽃이 멸종될 위기이니 꽃을 심지만 그래 봐야 괜히 문제의 원인인 염소 밥만 더 많이 준 셈이 되어 모두의 멸종이 더 빨라진다는 이야기다.

섬의 생태계를 지키기 위해서는 오히려 인위적으로 염소를 잡아서 그 숫자를 줄이는 수밖에 없다. 동물을 잡아 없앤다고 하면 생태계 파괴인 것 같지만, 역설적으로 그 행동이 오히려 전체 생태계를 구할 수 있다. 아닌 게 아니라 국립공원관리공단은 2007년부터 2015년 사이에 해상국립공원 일대의 섬에 사는 염소를 무려 2,600마리나 포획해야 했다. 많은 생물들이 더 복잡하게 연결되어 있는 실제 생태계에서는 이보다 더 이해하기 어렵고 더 복잡하게 꼬인 절묘한 브라에스의 역설 같은 일이 일어나는 것도 충분히 가능하다.

한곳으로 달려가는 우리 사회는?

끝으로 아직까지 과학적인 연구의 영역이라고 할 수는 없지만, 나는 사회에서 사람이 택하는 진로의 세계에서도 브라에스의 역설과 같은 현상이 나타나고 있지는 않은가 생각할 때가 있다.

사람이 어떤 교육을 받고, 직업이나 직장을 택해 어떤 경로로 살아가느냐 하는 삶의 진로는 여러 가지 선택지를 선으로 연결하는 그래프 모양으로 나타낼 수 있다. 사회에는 여러 일자리와 학교가 있고 각각의 자리를 원하는 사람들도 다수이므로, 여러 사람들의 진로를 그래프로 표시하면 복잡한 연결망이 될 것이다. 그 모습은 도시의 도로나 통신망의 연결이나 생태계의 먹이사슬과 크게 다를 바 없으리라 생각한다.

그렇다면 한 사람의 개인으로서는 가장 좋은 선택이라고 생각하며 진로를 결정하지만, 브라에스의 역설에 나오는 지름길처럼 모든 사람들이 그 길을 택하게 되면 전체의 효율을 떨어뜨릴 수밖에 없는 현상도 나타나지 않을까? 최근 너무 많은 사람들이 공무원이나 공기업 일자리만을 노리고 거기에 지나치게 많은 노력과 시간을 기울이며 인생을 보내는 것에 대한 지적이 많아지고 있다. 매년 9급 공무원 시험에 20만 명 가까운 인원이 지원해 30 대 1에 달하는 무시무시한 경쟁률이 나타나고 있으며, 그러다 보니 시험문제도 9급 공무원의 자질과는 무관하게 점점 이상하게 꼬여 가고 그에 따라 그 많은 사람들이 딱히 9급 공무원의 자질과 상관없는 공부에 긴 세월 매달리게 된다는 한탄이 자주 들려 온다.

혹시 이것도 브라에스의 역설은 아닐까? 이 문제는 어떻게 해결해야 할까?

12

제번스의 역설

Jevons paradox

에너지 효율 개선이 에너지 소비의 축소가 아닌 확대로 이어지는 현상. 자원의 효율성을 높이는 기술 진보가 오히려 자원 소비를 늘리는 경향이 있음을 지적한다. 영국의 경제학자이자 논리학자인 윌리엄 제번스가 1865년에 『석탄 문제The Coal Question』를 통해 주장했다.

태양이 경기순환의 원인이라고?

한국인이라면 요즘 경기가 좋지 않다는 말이나 불경기가 너무 심하다는 말을 신문 기사에서 몇 번쯤 읽어 본 적 있을 것이다. 민주주의사회의 언론이라면 사회의 걱정거리와 문제에 좀 더 관심을 기울이기 마련이니, 경기가 좋다는 말보다는 경기가 나쁘다는 말이 더 많이 들리는 것도 당연하다. 가끔씩이기는 하지만 요즘 반도체 경기가 호황이라거나, 부동산 경기가 호황이라는 식으로 경기가 좋다는 기사도 눈에 뜨일 때가 없지는 않다.

경기가 좋다는 것은 거래, 생산, 소비 등의 경제활동이 활발하게 이루어지는 상황을 일컫는 말이다. 경기가 나쁘다는 것은 자연히 그 반대 상황을 말한다. 그리고 사람들 사이에는 경기가 좋은 시기가 있으면 얼마 후 나쁜 시기가 찾아오고, 또 나쁜 시기가 있으면 좋은 시기가 찾아온다는 식으로 불경기와 호경기가 왔다 갔다 하면서 변화한다는 믿음도 널리 퍼져 있다. 그래서 마치 낮과 밤이 교대로 바뀌며 반복되고 봄, 여름, 가을, 겨울 사계절이 끝없이 반복되듯이 경기 역시 좋을 때와 나쁠 때를 오가며 반복된다는 '경기순환'이라는 말도 널리 퍼져 있다.

국가통계포털이라는 웹사이트에는 '경기순환시계'라는 것이 있는데, 이것은 1990년대부터 지금까지 경기가 좋고 나쁨이 어떻게 반복되어 왔는지를 몇 가지 경제지표를 이용해 말 그대로 시계가 돌아가는 것처럼 보여 주는 프로그램이다. 경기를 따지는 것은 헷갈리는 일이라는 것을 표현하고 싶었는지, 경기순환시계는 시계라면서도 반시계 방향으로 돌아가는 것으로 표시되어 있기는 한데, 2023년 중반 무렵은 경기 하강 국면에 해당한다.

도대체 이렇게 경기가 좋아졌다, 나빠졌다 하는 이유는 무엇일까? 그 원인을 파악하면 경기가 언제 좋아지는지, 나빠지는지 하는 문제도 어느 정도 예상할 수 있을 것이다. 만약 그것을 가능하게 만드는 방법을 찾아낸 사람이 있다면 그 사람은 쉽게 막대한 돈을 벌 수 있다. 경기가 최악으로 나빠졌을 때, 주식이나 금을 사들인 다음 경기가 좋아지기를 기다리면 되기 때문이다. 경기가 최상으로 좋아졌을 때 불경기에 싼값으로 사놓았던 물건을 처분하면 그 차액만큼 돈을 벌게 된다. 그러므로 가깝게는 주식 투자자들에서부터 멀게는 국가 경제와 세계무역을 연구하는 사람들까지 모두들 경기순환의 비밀을 알아내는 데 대단히 많은 관심을 기울였다.

현대 경제 이론에서는 경기순환이 여러 가지 복합적인 원인에 따라 매우 예측하기 어려운 방향으로 일어난다고 보고 있다. 쉽게 돈을 버는 비법 같은 것은 없다는 이야기다. 그런데 경제학 발전의 초기였던 19세기 시절에는 영국의 위대한 경제학자 윌리엄 제번스가 무척 기이한 방법으로 경기순환을 예상할 수 있을지도 모른다는 제안을 한 적이 있다.

경기라고 하면 사람들은 은행의 이자율이나 기업의 경쟁 같은 시장과 거리의 일에 주목한다. 그런데 제번스는 엉뚱하게도 고개를 들어 하늘을 보았다. 그는 우주를 상상하면서 동시에 그것으로 세속적인 경기 예측이 가능하다는 꿈을 품었다. 제번스는 지구에서 1억 5,000만 킬로미터 떨어진 머나먼 우주 공간에서 수소 핵융합반응을 일으켜 열과 빛을 내뿜고 있는 태양이 경기순환의 원인일 수 있다고 보았다.

태양은 언제나 같은 빛을 내뿜는 것처럼 보이지만, 사실은 내부 반응의 결과로 활동이 활발해지는 시기가 있고 활동이 약해지는 시기가 오가며 서서히 변화를 반복한다. 예를 들어 태양 활동이 왕성한 기간인 태양 극대기solar maximum 시기에는 태양 표면에 흑점의 개수가 많아지고, 태양 플레어solar flare라고 하는 폭발 불꽃을 뿜는 현상도 더 자주 일어난다. 그러다가 상대적으로 태양이 잠잠한 시기가 찾아오고, 다시 태양 극대기가 찾아오기를 반복한다. 제번스는 태양의 이런 거대한 변화가 멀리 떨어진 지구에도 영향을 미치며, 결국 장바구니 물가나 주식 가격도 바꾸는 힘을 갖고 있다고 생각했다.

태양 극대기에는 평소와는 다른 여러 가지 현상이 일어나므로, 그에 따라 지구의 날씨도 평소와는 다르게 변할 가능성이 있다. 태양 극대기에 지구 곳곳에서 오로라 현상이 자주 관찰될 수 있다는 사실은 과학적으로 확인되었다. 제번스는 그렇다면 오로라 이외에도 뚜렷한 변화가 나타날 수 있다고 생각한 것이다. 이 이론에 따르면 태양이 변화하는 주기에 따라 지구의 날씨가 바뀌는 바람에 농업과 어업이 영향을 받게 되고 여러 교통수단과 사람의 생활도 영향을 받게 된다. 아무리 산업이 고도로 발달한 시대라 해도 사람이 먹지 않고는 살 수 없으므로, 나쁜 날씨로 인해 농업과 어업이 전 세계에 걸쳐 나빠지면 결국 사람들의 생활도 어려워지고 이러한 변화는 경기를 나쁘게 할 수 있다는 것이 제번스의 생각이었다. 그의 주장에 따르면 경기순환의 가장 깊은 근원을 따지기 위해 우리가 관심을 가져야 하는 것은 경제 뉴스가 아니라 우주와 태양을 관찰하는 천문학자들의 연구 결과다.

경제학자로 유명한 제번스가 이런 엉뚱한 주장을 한 것에 대해서, 어떤 사람은 이것이 그의 일생과 관련이 깊다고 이야기하기도 한다. 그는 경제와 과학을 연결시켜 생각할 수밖에 없을 만한 삶을 산 사람이다. 제번스는 원래 영국 리버풀에서 사업가의 자식으로 태어나 비교적 유복하게 자랐으며 대학에서는 당시로서 가장 인기 있고 재미있는 과학 분야라고 할 수 있었을 화학을 배웠다. 그런데 부모님의 사업이 기울면서 그의 꿈은 깨어지고 말았다.

지금에 비하면 당시는 마땅한 장학 제도나 복지 제도도 부족했던 시대였다. 그래서 그는 학문에만 전념하는 삶은 더 이상 어렵다고 생각하게 되었다. 결국 제번스는 일자리를 찾아 영국과 거의 지구 반대편이라고 할 수 있는 머나먼 오스트레일리아로 떠날 수밖에 없었다. 지금이야 오스트레일리아도 선진국 반열에 속하는 국가이지만, 당시 영국인들 사이에서 오스트레일리아는 살기 힘든 외딴 곳이라는 고정관념이 퍼져 있었다. 그러니 가난 때문에 학업을 중도 포기하고 오스트레일리아행을 택한 제번스가 무척 낙심했을 거라는 점도 충분히 예상할 수 있다.

오스트레일리아에 간 제번스는 화학에 뛰어났던 특기를 살려 돈을 만들어 내는 조폐국 산하기관에서 일을 했다. 당시만 해도 아직 금화, 은화, 동화 같은 금속으로 만든 돈이 중요하게 사용되던 시절이었다. 어떤 금속을 얼마나 섞어서 어떻게 돈을 만들어야 가치 있고 오래가는지, 돈을 만들어 두면 어느 기간 동안 사용되면서 얼마나 닳아 없어지는지, 그러한 사실을 어떻게 측정할 수 있는지 등 화학과 관련된 문제가 중요하던 시절이었다. 모양만 금화, 은화와 비슷하게 생긴 가짜 돈을 만드는 범죄자들을 찾아내고 적발하는 것 역시 화학에 관한 지식이 꼭 필요한 일이었다. 상세한 기록을 찾기는 어렵지만, 제번스는 조폐국의 일을 그런대로 잘한 것으로 보이며, 꿋꿋이 생활하며 오스트레일리아 시절을 보람차게 지낸 것 같다.

어느 정도 나이가 들어서 제번스는 다시 영국으로 돌아와 공부를 계속해 나갔다. 그리고 뒤늦게 학자로 자리 잡아 간다. 돌아보면 그는 과학에 재능이 있었지만 연구 대신 돈에 대한 일을 해야 했던 사람이고, 그 한가운데에 아버지의 사업이 망하는 경제적인 변화가 있었다. 이런 그를 두고 경제와 과학이 엮여 드는 문제에 관심이 많았을 만하다고 보는 것도 일리가 있다.

석탄이 사라지면 경제가 무너진다

제번스는 자신의 가장 훌륭한 업적으로 평가받는 경제학 이론을, 마치 과학처럼 수학과 계산식으로 표현한 것을 자랑거리로 여겼다. 특히 물건의 가치에 대해 따질 때 그 물건을 만들기가 얼마나 어려웠는가를 따질 뿐만 아니라, 소비자가 그 물건을 지금 추가로 소비하는 행위에 의해 어느 정도의 효용이나 만족을 느끼느냐 하는 문제를 고려할 것을 지적했다. 그리고 그러한 효용과 만족이 반복적으로 소비를 해 나가는 과정에서 차차 변화한다는 점까지 고려해야 한다고 주장했다. 이러한 그의 이론은 나중에 한계효용학파 학자들을 통해 발전되어 현대 경제학의 밑바탕을 이루었다. 그러므로 제번스를 한계효용학파의 시조라고 볼 수도 있을 것이다.

제번스는 한계효용 이론을 단순하고 막연하게 말로 설명하는 데 그치지 않고, 명확한 계산식으로 밝히고자 했다. 그는 효용을 얻고 효용이 변화해 가는 것을 마치 물체가 움직일 때 속도가 변화함에 따라 움직이는 거리가 변화하는 것처럼 표현하고, 물체의 움직임을 미분과 적분으로 계산해 내듯이 경제활동 또한 계산식으로 나타내고자 했다. 이러한 그의 도전은 어떤 생각의 원인과 결과를 논리적으로 밝히기에 유용했다. 나아가 물체의 움직임에 대한 뉴턴의 방정식으로 위성과

Coal Dockers

Claude Monet, 1875
Oil on Canvas, 54×66cm
Musée d'Orsay, Paris

행성들의 움직임을 계산해서 예측할 수 있듯이, 경제에 관한 현상 역시 계산을 통해 예측할 수 있을 거라는 희망을 주었다. 다른 한편으로 요즘 경제를 공부하는 학생들 중에는 경제 현상에 대해서는 강한 흥미를 가지면서도 그 현상을 설명하는 수학이 힘들어 경제 과목을 어려워하는 경우가 있는데, 바로 그렇게 경제를 수학으로 어렵게 만든 장본인이 제번스라고 할 수 있겠다.

제번스는 박사 학위를 받은 학자도 아니었고 어릴 때부터 학계에서 오랜 세월 경력을 쌓은 인물도 아니었다. 그 대신에 다양한 학문 분야를 넘나들며 그 사이를 연결하는 여러 가지 신선한 생각을 퍼뜨려 인정받은 인물이었다. 제번스는 과학과 경제를 결합시켰을 뿐만 아니라 논리학 분야에서도 공적을 남겼으며, 수학에 대해 그가 남긴 글 중에는 현대 암호학에 활용할 수 있을 만한 내용도 있다. 제번스는 이처럼 다방면의 관심을 깊은 연구와 착실한 성과로 연결시켰다. 그는 이론적인 계산으로 경제를 설명하는 수학의 달인이면서, 동시에 대단히 현실적인 경제문제를 날카롭게 파헤치는 분야에서도 성공을 거두었다.

잘 알려진 예를 하나 들어 보자면, 한창 그가 학자로 활동하던 1865년에 펴낸 『석탄 문제』라는 책을 꼽을 수 있다. 산업혁명의 결과로 놀라운 경제성장을 이룩하고 있던 영국에서는 당시 산업을 지탱하던 석탄에 관심이 많았다. 사람들은 산업혁명의 핵심은 사람 대신에 많은 일을 해치울 수 있는 기계를 발명해 활용하는 것이라 여기고 있었다. 당시에는 기계를 돌릴 수 있는 거의 유일한 방법이 석탄을 연료로 태워 증기기관을 가동하는 것이었다. 그렇다면 결국 석탄을 얼마에 사 와서 얼마나 쓸 수 있느냐가 영국 경제 전체를 좌지우지할 만큼 중요한 일이었다. 19세기 세계경제에서 영국이 차지하고 있었던 막대한 비중을 생각한다면, 석탄 가격과 석탄 공급에 전 세계 사람들의 먹고사는 문제가 달려 있다 해도 과언이 아니었다.

한국의 태안군 마도 인근 바다에서 발견된 고려 시대 선박 마도 1호선에서도 배 안에서 사용된 것으로 보이는 석탄이 발견된 적이 있기는 하다. 그러니 석탄은 먼 옛날부터 널리 알려져 있던 연료였다. 고려 시대에는 아마도 비좁은 배 안에서 불을 지펴 요리를 할 때처럼 특수한 용도에나 석탄을 조금 사용했을 것이다. 그런데 산업혁명 이후 19세기 영국에서는 요리용으로 석탄을 쓰는 정도는 아주 사소한 부분에 불과했다. 이 시기 영국에서는 실을 뽑고 옷감을 짜는 기계에서부터 기차와 배를 움직이는 용도, 종이, 철, 시멘트 등의 온갖 물자를 만드는 기계에 모두 석탄을 쓰고 있었다. 자연히 석탄은 점점 귀한 자원이 되어 갔다. 사람들은 언젠가 석탄이 떨어지거나 석탄값이 너무 비싸지면 모든 경제활동이 무너질지도 모른다는 걱정을 하게 되었다.

따라서 사람들은 과거에 비해 석탄을 더 적게 쓰면서도 같은 일을 처리할 수 있는 기술에 대해서도 관심이 많았다. 석탄 두 통을 집어넣어야 하루치 일을 할 수 있는 기계의 효율을 개선해서 석탄 한 통만 넣어도 하루치 일을 할 수 있게 만든다면, 석탄 소모량은 절반으로 줄어든다. 그 말은 석탄값이 두 배로 올라도 같은 정도로 일을 하면서 버틸 수 있다는 뜻이고, 저장해 둔 석탄이 절반밖에 되지 않더라도 과거와 똑같이 버틸 수 있다는 뜻도 된다. 기술을 개선하여 석탄 소비를 덜 하는 기계를 만들면 석탄 부족 문제를 어느 정도 해결할 수 있다는 희망을 품고 있었다.

그런데 『석탄 문제』에서 제번스는 정확히 정반대의 미래를 걱정했다. 그는 석탄을 덜 소비하는 기계를 개발하면 역으로 석탄의 소비는 더욱 늘어나고 석탄 부족 문제는 더욱 심각해질 수도 있다는 놀라운 주장을 펼쳤다. 이런 생각은 당시 사람들의 상식을 완벽하게 반대로 거스르고 있었다. 그래서 이러한 제번스의 예측에 '제번스의 역설'이라는 이름이 붙게 되었다.

제번스의 예상은 이러하다. 석탄을 덜 쓰면서 더 일을 많이 하는 기계를 만들게 되면, 사람들은 그 기계를 더 많이 사용하려고 할 것이다. 뿐만 아니라 과거에는 기계를 사용하면 너무 연료비가 많이 들어서 기계를 도입할 수 없던 분야까지도 석탄을 쓸 수 있게 된다. 그렇다면 오히려 그만큼 석탄 수요는 늘어난다. 커다란 화물선에 화물을 가득 채우고 다녀야 석탄을 태우는 비용을 벌 수 있다고 상상해 보자. 만일 더 적은 석탄으로도 잘 움직이는 기계가 개발되면 훨씬 작은 화물선, 작은 여객선을 움직여도 연료비를 댈 수 있을 정도로 돈을 벌게 될 것이다. 이렇게 되면 노 젓는 나룻배, 돛단배로 움직이던 작은 배도 모두 석탄으로 움직이는 엔진을 달고 일을 할 것이다. 사람들은 석탄을 더욱 많이 쓰고, 석탄 문제는 전혀 해결되지 않는다. 오히려 더 악화된다.

제번스의 역설은 현실로 이루어졌다. 실제로 지난 200년 동안 석탄을 사용하는 장비들의 효율이 좋아져서 더 적은 양으로도 더 많은 일을 할 수 있게 되었다. 그러나 석탄 소비는 증가했다.

기술 발전과 소득효과

현대의 전 세계 석탄 소비는 19세기에 비해 조금 늘어난 수준이 아니라, 수십 배로 따져야 할 정도로 많다. 현대에 석탄을 활용할 수 있는 방안은 그만큼 다양해졌다. 석탄을 조금만 이용해도 더 뛰어난 성능을 발휘할 수 있는 장비들이 등장하면서, 화력발전소에서는 막대한 양의 석탄을 태워서 더욱 값싼 전기를 만들어 낼 수 있게 되었다. 이렇게 풍족한 전기가 도시에 공급되고 있기 때문에 사람들은 전화기와 컴퓨터에서부터 지하철과 전기자동차까지 수많은 용도로 전기를 사용하고 있다.

2020년대 한국은 전체 전기 생산의 30퍼센트를 석탄 화력발전에 의존하고 있다. 적은 양의 석탄으로도 많은 전기를 만들 수 있는 고효율 기술이 없었다면, 이렇게까지 석탄을 많이 쓸 수는 없었을 것이다. 실제로 21세기 한국의 화력발전소에서 사용 중인 설비들 중에 석탄을 잘 사용하기 위해 석탄을 잘게 부수어 가공하고 적당한 위치에 석탄가루를 뿜어내도록 하며 복잡한 배관을 통해 그 열기를 교묘하게 조절하도록 하는 절묘한 장치들은 아름다워 보일 정도로 성능이 훌륭하다. 그러니 현대 한국 경제의 번영은 제번스의 역설 속에서 타오르고 있는 그 많은 석탄 때문이라고 해도 지나치지 않다.

제번스의 역설은 제번스 본인이 지적한 석탄에 관한 기술뿐만 아니라 기술이 발전하는 다양한 분야에서 널리 발견된다. 휘발유로 움직이는 자동차를 생각해 보자. 자동차 기술이 부족해서 휘발유를 꽤 많이 넣어도 자동차가 조금밖에 움직이지 못하던 시절에는 무슨 일을 하기 위해 차를 쓰려면 휘발유값이 많이 들 수밖에 없었다. 이런 조건에서는 자동차를 반드시 사용해야만 하는 화물 운송업자들이나 자동차에 대한 호기심이 많은 부유한 사람들만 자동차를 사용하게 된다. 그런데 자동차 기술이 발전해서 적은 휘발유로도 멀리, 오래 자동차를 타고 다닐 수 있게 된다면 그만큼 자동차를 사서 타고 다니는 데 드는 비용이 줄어든다. 출퇴근 용도나 장 보러 가는 용도로도 보통 사람들이 자동차를 사용할 수 있게 된다. 그러면 자동차를 사서 타고 다니려는 사람들은 훨씬 더 많아지게 될 것이고, 그 결과 전체 자동차들 때문에 소요되는 휘발유는 훨씬 더 늘어난다.

컴퓨터 및 반도체 산업과 전력과의 관계도 제번스의 역설이 극적으로 드러나는 좋은 예시다. 1940년대에 개발된 초창기 컴퓨터인 에니악ENIAC은 지금 기준으로 보면 아주 간단한 기능을 느리게 수행할 수 있는 정도에 지나지 않는 기계였다.

그러나 그 크기는 교실 하나를 가득 채울 정도로 거대했다. 당연히 전기 소모량도 어지간한 대형 가전 제품 몇백 대 정도를 돌릴 만큼 많은 무시무시한 장치였다.

　그러나 이후 트랜지스터가 개발되고 반도체 집적회로가 개발되면서 컴퓨터는 더 적은 전력을 소모하면서도 훨씬 더 빠른 속도를 낼 수 있도록 개선되었다. 반도체 발전의 속도는 대단히 놀라워서, 요즘의 소형 반도체 칩은 에니악 시절 컴퓨터의 1만 분의 1, 10만 분의 1의 전력만 소모하면서도, 그 100만 배 이상의 속도로 계산을 해낼 수 있다. 그렇다면 세상의 컴퓨터들이 소모하는 전기가 1만 분의 1, 10만 분의 1로 줄어들었을까?

　전혀 그렇지 않다. 오히려 훨씬 더 많이 늘어났다. 1940년대에는 국가에서 무기 개발 등의 작업에 필요한 특수한 몇 가지 계산을 위해 가끔 컴퓨터를 사용할 뿐이었다. 요즘에는 집집마다, 사무실마다 책상 위에 고성능 컴퓨터를 설치해 두고 업무를 하거나 게임을 하기 위해 누구나 컴퓨터를 사용하는 세상이 되었다. 나아가 작은 배터리로도 충분한 성능을 낼 수 있을 정도로 극히 적은 전기를 사용하는 반도체 칩이 개발된 요즘은 더 정도가 심해졌다. 효율적인 반도체 때문에 전기 사용량이 줄기는커녕, 이제 사람들이 저마다 스마트폰을 한 대씩 들고 다니는 세상이 되어 버렸다.

　혹시 기술 발전에 따라 예상하지 못했던 분야에서 계속 석탄을 쓰게 되는 것이 문제의 핵심일까? 그렇다면 만약 정부에서 강제 대책을 마련해서 예전에 석탄을 사용하지 않던 분야에는 절대 석탄을 쓰지 못하게 해 버리면 어떨까? 과거에 석탄을 쓰지 않던 분야에 새롭게 석탄을 사용하려고 하면 세금을 무겁게 매기거나 처벌하겠다고 해 보자는 이야기다. 그렇게 법으로 막아 버리면 제번스의 역설이 해결될 수 있을까?

그렇지도 않다. 제번스의 역설이 발생하는 데에는 조금 성격이 다른 원인도 있기 때문이다. 꼭 석탄을 사용하는 분야가 확대되지 않더라도 기술 발전으로 적은 석탄을 쓰게 되면 결국 석탄 소비는 늘어날 수 있다. 더 적은 석탄이 든다는 이야기는 같은 일을 할 때 석탄 비용이 덜 든다는 뜻이고, 그러면 석탄을 쓰던 사람 입장에서는 그 가격 차이만큼 더 이익을 얻게 된다. 즉 사람들이 벌어들이는 소득은 늘어나고 기업은 성장하게 된다. 이익을 많이 얻게 되는 업종인 만큼 더 많은 사람들이 참여해 돈을 벌 거라는 생각도 해 볼 수 있다. 그러면 결국 경제가 전체적으로 발전하고 경기는 좋아질 것이다. 경기가 좋으니 회사들은 제각기 사업을 확장해 나가고 사람들은 더 많은 물건을 소비할 것이다.

그러다 보면 결국 사회 전체에 걸쳐 더 많은 물건을 만들어 쓸 수밖에 없고 결국 석탄을 이용해야 하는 일도 그만큼 더 늘어나게 된다. 다시 말해, 석탄을 절약할 수 있는 기술이 개발되어 그 돈만큼 부가 늘어나고 좋은 경기가 찾아오면 얼마 후에는 석탄을 더 많이 쓰게 될 만큼 잘살게 된다는 뜻이다. 이것은 기술 개발로 인한 자원 절약이 소득 효과income effect를 가져온다는 말과도 통한다.

제번스의 역설을 경계하는 주장 중에는 결국 기술 발전이 자원 문제에 대한 해답이 될 수 없다는 점에 주목하여, 역으로 기술 개발에 집중하지 않고 절제, 검약을 강조하는 것들도 있다. 이런 주장에 따르면 제번스의 역설을 풀기 위해서는 세상 사람들이 세속적인 이익을 경계하는 삶의 태도를 갖도록 만드는 것이 중요하다. 혹은 자원 소비를 줄이기 위한 철저한 통제가 필요하다고 할지도 모른다. 그러나 역설이 발생하는 두 번째 원인을 생각해 보면 단순히 절제로 자원을 절약하는 움직임만으로는 제번스의 역설을 막을 수가 없다. 왜냐하면 어떤 집단 혹은 한 나라가 단지 절제를 위해 어떤 자원을 덜 쓰기로 한다면 그만큼 그 자원의 가격은 낮아져서 결국 다른 나라, 다른 사람들이 그 자원을 더 싸게 많이 쓰게 될 것이기 때문이다.

한국인들이 어느 날부터 석탄이나 석유를 쓰는 생활은 사치스러운 삶으로 여기고, 모두 조선 시대 성리학 전성기의 문화로 되돌아가 다들 절제하며 살게 되었다고 상상해 보자. 그렇다고 해서 세계의 석탄이나 석유 소비가 영영 줄게 되지는 않을 것이다. 한국에서 안 쓰는 만큼 석탄, 석유값이 떨어져서 주변의 다른 나라에서 석탄, 석유를 더 마음 놓고 많이 쓰게 될 것이며, 평소에 연료값 때문에 사용하지 못하던 용도로도 석탄, 석유를 사용하게 되면서 결국 세계의 소비는 생각만큼 줄지 않을 가능성이 높다.

제번스처럼 폭넓은 시선으로

세월이 흐르면서 제번스의 역설을 해결하기 위한 방법으로 많은 이들이 여러 가지 복잡한 방안을 제안했다. 그런데 나는 제번스의 역설에 대한 해결책을 생각하기 전에 이 역설이 품고 있는 다른 밝은 측면을 반드시 함께 고려해야 한다는 점을 언급해 두고 싶다.

제번스의 역설은 자원을 절약해야 한다는 점에서만 보면 골치 아픈 역설이다. 그렇지만 그 과정에서 자원의 효율적인 활용이 더 많은 사람들에게 더 큰 폭으로 삶의 질을 향상시킬 수 있는 기회를 준다는 점에서는 아무런 역설이 없다.

석탄 엔진으로 움직이는 배의 효율이 개선되어 커다란 화물선뿐만 아니라 작은 어선에도 석탄을 쓸 수 있게 되었다고 생각해 보자. 그러면 분명 석탄 소비는 늘어나게 될 것이다. 그렇지만 그 덕분에 어선을 타고 다니는 사람은 그만큼 더 안전하고 수월하게 조업을 할 수 있게 되고, 갑자기 날씨가 나빠져 위험에 처했을 때에도 강한 엔진의 힘으로 배를 움직여 목숨을 구할 수 있게 된다. 냉방장치의 효율이 개선되어 적은 전기 요금으로도 냉방장치를 사용할 수 있게 된다고 해 보자. 그러면 갑부의 응접실에나 설치했던 냉방장치를 세상 여러 곳에 설치할 수 있게 된다. 전기 소비는 분명 늘어나게 되겠지만, 무더운 날씨를 이겨 내야 하는 산부인과의 신생아들이나 열대지방의 노약자들이 값싼 냉방장치 덕택에 삶을 이어 갈 수 있게 될 것이다.

이러한 관점에서 제번스의 역설을 살펴본다면, 이 역설은 단순히 기술 발전이 소용없다거나, 자원을 절약하기 어렵다는 이야기에 그치지 않는다. 그 대신 기술 발전의 방향과 목적을 같이 살펴보면서 사회와 공동체가 추구해야 하는 바가 진실로 무엇인지 돌아보게 하는 계기가 되어 준다. 나는 제번스의 역설에 대한 그런 사고방식이 우주를 올려다보며 시장통 불경기의 원인을 고민했던 제번스의 폭넓은 시선에도 어울린다고 본다.

13

심프슨의 역설

Simpson's paradox

1951년 영국의 암호해독자이자 통계학자인 에드워드 심프슨Edward Simpson이 논문을 통해 소개한 현상으로, 각 부분의 평균이 크다고 해서 전체의 평균까지 크지는 않음을 이르는 말. 이는 통계의 함정이 유발할 수 있는 잘못된 결과를 설명하는 데 쓰인다.

일등 공신을 찾아라!

이번에 소개할 역설은 역설이라는 이름이 붙어 있는 다양한 역설 중에서도 처음 접했을 때 내가 가장 놀라고 많은 충격을 받았던 것이다. 특히나 당연하다고 생각되는 상식을 초월하는 결론이 나오는데도, 조금만 따져 보자면 이 현상을 논리상의 역설이라고 볼 수 없다는 점에서 더욱 역설적이다. 서기 645년 무렵의 신라를 배경으로 이 역설이 나타날 수 있는 전형적인 상황을 가정해 보자.

신라를 다스리고 있는 선덕여왕은 전쟁터에서 가장 큰 공을 세운 장군이 누구인지 살펴보려고 한다. 그리고 여왕은 최고의 장군을 결정하고 나면, 그 장군을 일등 공신으로 내세우고 온 나라의 군사를 다스리는 높은 벼슬을 내리려 하며 또한 많은 상을 주어 모든 사람이 우러러볼 만한 큰 영예를 누리도록 할 작정이다. 그 때문에 많은 장군들이 서로 일등 공신이 되기 위해 경쟁하고 있고, 누가 일등 공신이 되느냐에 신경을 곤두세우고 있다.

여왕이 이런 일을 하는 데에는 정치적인 이유도 있다. 여왕은 현재 병이 들어 직접 나서서 일을 하기 어려운 상태다. 그렇기 때문에 가장 믿음직하면서 군사를 잘 다스리는 사람을 이인자로 내세워서 나라를 지키고 또한 자신을 지키도록 할 작정이다.

선덕여왕은 신하들을 시켜 장군들의 평판을 조사하고 그들의 전과를 살펴본다. 그 결과 두 명의 장군이 단연 명망 높은 것으로 나타났다. 한 사람은 김유신이라는 장군이었고, 다른 한 사람은 비담이라는 장군이었다. 두 사람은 상황에 따라 전국 곳곳으로 달려 나가 전투를 치렀는데, 김유신은 주로 백제군과 맞서는 전투에 나갔고, 비담은 주로 고구려군과 맞서는 전투에 나갔다.

신하들은 두 장군의 전과를 일목요연하게 모두 조사해 왔다. 선덕여왕이 신하에게 물었다.

"백제와의 전쟁에서는 누가 더 잘 싸웠는가?"

"승률로 따져 보자면, 김유신은 7할이고 비담은 8할입니다. 그러므로 비담이 더 높습니다."

김유신은 백제와의 전투 중에 70퍼센트에서 승리했다는 뜻이고, 비담은 백제와의 전투 중 80퍼센트에서 승리했다는 뜻이다. 그러므로 지금까지 싸워 온 비율대로 앞으로도 전투가 계속 펼쳐진다고 가정하면, 김유신이 승리할 확률은 70퍼센트, 비담이 승리할 확률은 80퍼센트라고 볼 수 있다. 이 숫자대로라면 앞으로의 전투에서 비담이 승리할 확률이 더 높아 보이고, 비담이 더 우수한 장군이다.

여왕은 다른 전투에 대해서도 물었다.

"고구려와의 전쟁에서는 누가 더 잘 싸웠는가?"

"승률로 따져 보자면, 김유신은 5할이고 비담은 6할입니다. 그러므로 역시 비담이 더 높습니다."

선덕여왕은 숫자를 들은 후, 고구려군과의 싸움은 백제군과의 싸움보다 일단 좀 더 어렵다는 사실을 깨달았다. 그렇지만 아까처럼 생각하면 이번에도 김유신이 고구려군과 싸워서 이길 확률은 50퍼센트이고, 비담은 60퍼센트이므로, 역시 비담이 이길 가능성이 더 높다는 결론이 나온다. 신하는 보고를 하면서 그 사실을 깨닫고, 여왕에게 자신의 의견을 말한다.

"백제와의 전쟁에서도 비담이 김유신보다 더 승률이 높고, 고구려와의 전쟁에서도 비담이 김유신보다 더 승률이 높습니다. 그러니 어느 쪽으로 봐도 비담이 더 잘 싸우는 장군임이 분명합니다. 비담을 일등 공신으로 삼고 그에게 높은 벼슬을 내려야 하지 않겠습니까?"

그러나 여왕은 바로 대답하지 않았다. 신라 역사에서 지혜로운 임금으로 이름 높았던 선덕여왕은 실제로 전투가 얼마나 어떻게 일어났는지 상세한 자료를 보자고 한다. 신하는 분부대로 자료를 가져다가 여왕에게 바쳤다. 신하는 자료에 대해 설명했다.

"백제와의 전쟁에서 김유신은 100번 전투를 치러서 70번을 이겼고, 비담은 5번 전투를 치러서 4번을 이겼습니다."

"100번 중에 70번을 이겼으면 승률이 7할이고, 5번 중에 4번을 이겼으면 승률이 8할이니, 아까 그대가 말한 것이 맞구나."

선덕여왕은 암산을 하면서 그렇게 말했다. 그리고 다시 자료를 더 보여 달라고 한다.

"고구려와의 전쟁은 어떠한가?"

"고구려와의 전쟁에서 김유신은 4번 싸워서 2번 이겼고, 비담은 50번 싸워서 30번 이겼습니다."

"4번 중에 2번을 이겼으면 승률이 5할이고, 50번 중에 30번을 이겼으면 승률이 6할이니, 이번에도 아까 그대가 말한 것이 맞구나."

"그렇습니다. 비담을 일등 공신으로 임명하도록 하십시오."

확인해 보아도 계산은 틀린 것이 없었다. 그러나 선덕여왕은 잠시 더 생각한다. 그리고 다시 한번 곰곰이 따져 본다. 그러더니 여왕은 누구도 전혀 예상하지 못한 명령을 내린다.

"그대가 말한 자료를 보고 돌아본 결과, 내 계산으로 전쟁에서 더 많이 승리한 장군, 가장 뛰어난 장군은 김유신이다. 그러므로 나는 비담이 아니라 김유신을 일등 공신으로 삼겠다."

"어떻게 그러실 수가 있습니까?"

신하는 놀라지만 임금의 명령이니 거역할 수가 없었다. 김유신이 비담보다 더 뛰어난 장군이며, 그래서 온 나라 최고의 장군이라고 발표하기로 한다. 그러나 의심스럽다. 지혜로운 선덕여왕이라고는 하지만 병이 깊어서 이제 판단이 흐려진 것은 아닌가 하는 생각이 들 정도다.

그 소식을 들은 비담은 화가 났다. 비담은 부하들과 동료 장군들을 모아 놓고 소리쳤다.

"백제와 싸웠을 때에도 내가 김유신보다 승률이 더 높고, 고구려와 싸웠을 때에도 내가 김유신보다 승률이 더 높은데, 어떻게 김유신이 나보다 더 많이 승리한 장군일 수가 있단 말인가? 선덕여왕은 정확하게 숫자로 나온 결과를 받아들이지 않았음이 분명하다. 아마도 김유신에게 뇌물을 받고 김유신을 일등 공신으로 임명한 것 아니겠는가? 그게 아니면 간단한 계산도 이해하지 못할 정도로 아둔해진 것이다. 어떻게 저런 임금을 모시겠는가? 저렇게 썩은 임금, 멍청한 임금인 선덕여왕을 임금님으로 떠받들고 있다가는 나라가 망할 것이다. 임금을 갈아 치우자!"

그렇게 해서 비담은 선덕여왕을 내쫓고 다른 사람을 임금으로 내세우기 위해 사람들을 모아 반란을 일으킨다. 분명 백제, 고구려 양쪽 모두 비담의 승률이 김유신을 앞서는 것은 사실이기 때문에 적지 않은 다른 장군과 병사들은 비담이 김유신보다 유능하다고 생각했고 그래서 비담 편에 붙었다.

"선덕여왕이 김유신에게 명령을 내려 반란을 일으킨 비담을 막으라고 해 봐야, 승률 수치에서 비담이 김유신을 앞서고 있지 않았는가? 결국 김유신은 비담을 막지 못하고 패배하지 않겠는가?"

신라 장군들은 비담의 반란군 편과 여왕을 지키기 위한 김유신 편, 두 패로 나뉘어 치열하게 싸웠다. 결과는 어떻게 되었을까?

선덕여왕의 판단은 틀리지 않았다. 실제로 김유신이 비담보다 더 뛰어난 장군이었다. 김유신이 이끄는 방어군은 비담의 반란군을 물리치는 데 성공했다. 비담은 이해할 수가 없었다. 비담은 패배한 후에 붙잡혀서 선덕여왕 앞에 끌려왔다. 비담은 여왕을 올려다보며 말했다.

"이번 한 번은 내가 운이 나빠 패배했을 뿐입니다. 그러나 내가 김유신보다 뛰어난 장군이라는 것은 지금까지 싸워 온 일을 계산한 결과가 증명합니다. 그 숫자는 하늘이 알고 땅이 압니다. 운이 나빠 이런 꼴이 된 것이 원통할 뿐으로, 앞으로 간단한 계산도 하지 못하는 임금이 다스릴 내 나라 신라의 앞날이 걱정입니다."

그러자 선덕여왕은 웃으며 대답한다.

"내 계산은 틀리지 않았다. 비담, 너는 백제군과 5번 싸웠고, 고구려군과 50번을 싸웠다. 그러니까 도합 55번 전투에 나갔다. 그리고 백제군과 싸우면서 4번 이겼고, 고구려군과 싸우면서 30번을 이겼으니, 도합 34번을 이겼다. 그러므로 전체 55번 중에 34번을 이겼으니, 승률은 6할 2푼 정도다. 그렇지 않으냐?"

고구려군과 백제군이라는 상대를 가리지 않고 모두 합해서 비담의 실적을 계산해 보면, 55전 34승이니 승률은 대략 62퍼센트 정도가 된다는 뜻이었다.

여왕은 이어서 말했다.

"그런데 김유신은 백제군과 100번 싸웠고, 고구려군과 4번 싸웠다. 그래서 총 104번 전투에 나갔다. 그리고 백제군과 싸우면서 70번 이겼고, 고구려군과 싸우면서 2번 이겼으

Taking the Census

Francis William Edmonds, 1854
Oil on Canvas, 71×96cm
The Metropolitan Museum of Art, New York

니, 도합 72번을 이겼다. 그러므로 전체 104번 중에 72번을 이겼으니, 승률은 6할 9푼이다."

마찬가지로 고구려군과 백제군이라는 상대를 가리지 않고 합해서 김유신의 실적을 계산해 보면, 104전 72승이니 승률은 대략 69퍼센트 정도가 된다.

"이러니 김유신의 승률이 너보다 더 높지 않느냐? 네가 패배하고, 나를 지킨 김유신이 이긴 것이야말로 계산대로 된 일이다."

비담은 여왕의 계산을 듣고 찬찬히 돌이켜 본다. 여왕의 말도 틀리지 않은 것 같다. 그렇지만 비담은 결국 끌려가 처형당할 때까지도, 도대체 이게 어찌 된 영문인지 이해할 수가 없었다.

"내가 백제와 싸울 때에도 더 잘 싸우고, 고구려와 싸울 때에도 더 잘 싸웠는데, 어떻게 둘을 합해서 전체를 보면 더 못 싸운 것이 될 수 있단 말인가? 이런 일이 어떻게 있을 수 있단 말인가?"

비담이 김유신에게 뒤진 까닭은?

이것이 바로 내가 아는 가장 절묘한 역설인 심프슨의 역설이다. 지금까지 계산에 별로 어려운 것은 없다. 교묘한 속임수가 있는 것도 아니다. 단순히 나눗셈을 해서 비율을 비교하는 어렵지 않은 계산이다. 그런데도 그 결과로는 상식을 초월하는 결론이 나온다. 비담이 원통하게 외친 대로, 각각의 부분 비율에서는 분명히 한쪽이 모두를 앞서는데, 전체를 놓고 비율을 비교해 보면 오히려 반대쪽이 앞서는 결과가 나와 버린다.

이런 결과는 우리의 감각과 상식을 초월한다. 내가 친구보다 외모로 봐도 더 많은 사람들에게 좋은 평가를 받는 것 같다. 성격으로 봐도 친구보다 더 좋은 것 같다. 그런데 외모와 성격을 같이 놓고 따져 보니 오히려 친구가 더 많은 사람들에게 인기 있다는 사실을 납득하기가 쉽겠는가? 어떤 제품에 대해 조사를 했는데, 그 제품의 디자인이 더 호평을 받고 있고, 그 제품의 성능이나 가격도 더 호평을 받고 있다. 그런데 전체를 살펴보면 다른 제품이 더 호평을 받는다는 사실을 납득하기 쉽겠는가? 이것은 디자인과 성능, 양쪽에서 좋은 평가를 받았지만 가격이 너무 비싸서 인기가 없다는 이야기와는 다르다. 그런 상황은 그나마 이해하기 쉽다. 디자인, 성능, 가격, 각각을 비교해 보면 모두 더 앞서지만, 그래도 전체적으로는 인기가 없을 수 있다는 뜻이다.

차근차근 숫자를 살펴보면 이런 결과가 나오는 근본 원인을 이해하기는 어렵지 않다. 김유신과 비담의 전투 성과를 따져 보면, 대체로 백제와의 전투는 승률이 70퍼센트, 80퍼센트 나오는 둘 다에게 비교적 쉽게 이기는 전투였다. 그에 비해, 고구려와의 전투는 좀 더 어려웠다. 승률이 50퍼센트, 60퍼센트밖에 되지 않는다.

이런 상황에서 김유신은 백제와의 전투에서 주로 많이 싸웠고, 비담은 고구려와의 전투에서 주로 많이 싸웠다. 이렇게 되면 고구려, 백제를 합한 전체의 승률을 계산하면 자연히 김유신은 백제와의 전투가 많이 반영되고, 비담은 고구려와의 전투가 많이 반영될 수밖에 없다.

즉 전체 승률을 계산하면, 김유신의 승률은 이기기 쉬운 백제 전투의 승률에 가까워지니 숫자가 커지고, 비담의 승률은 이기기 어려운 고구려 전투의 승률에 가까워지니 숫자가 작아진다. 김유신이 백제 전투에서 많이 이긴 득을 본 셈이다. 핵심은 백제 전투만 한정해서 보면 그조차도 비담의 승률이 김유신을 능가했다는 점이다. 그런데도 전체 평균을 낼 때 비담의 승률은 백제 전투가 아니라 힘겨운 고구려 전투의 승률 쪽으로 쏠린다. 그래서 백제 전투에서 비담의 승률이 더 높았던 보람도 없이, 전체 수치는 김유신에게 뒤지게 된다.

부분과 전체의 사칙연산

심프슨의 역설은 부분과 전체를 나누어 계산해야 하는 모든 곳에서 나타날 수 있다. 김유신과 비담이 활약하는 고대의 전쟁터에서만 나타나는 문제가 아니다. 예를 들어 선거의 여론 동향 조사에서도 심프슨의 역설이 후보를 당황하게 만드는 일은 얼마든지 일어날 수 있다.

대통령 선거를 앞두고 각각의 후보에 대한 호감도 조사를 한다고 해 보자. 김 후보는 중부지방에서 호감도 조사를 한 결과, 경쟁자보다 높은 숫자가 나왔다. 또 남부지방에서 호감도 조사를 해 보아도 그 수치가 경쟁자보다 높게 나왔다. 그러므로 당연히 김 후보는 자신이 선거에서 승리할 거라고 생각한다. 그러나 이런 판단은 착오일 수 있다. 조사 방법에 따라, 각각의 지역에서는 분명히 자신이 앞섰지만 전체를 놓고 보면 놀랍게도 경쟁자가 더 높은 호감도를 보이는 기이한 결과가 나올 수 있다.

정말로 이런 결과가 나오면 김 후보 입장에서는 크게 놀라게 된다. 불가능한 일이 일어났다거나, 호감도 조사가 틀렸다는 생각을 하게 된다. 너무 원통해서 선거 직전 마지막 순간에 속임수에 당했다는 식의 엉뚱한 원인 분석을 하게 될지도 모른다. 실제로 현실에서도 숫자를 잘못 따져서 원인을 잘못 알고 잘못된 결론을 내는 경우가 종종 일어난다.

다른 예로 어느 선진국과 어느 개발도상국 두 나라를 대상으로 국민이 얼마나 행복하다고 느끼는지 조사한 결과를 생각해 보자. 분석을 정밀하게 하기 위해 두 나라 국민의 계층을 나누어 공통의 기준에 따라 부유층과 빈곤층, 각각에 대해 조사를 진행했다. 먼저 부유층을 대상으로 조사한 결과를 보니 개발도상국이 선진국보다 더 행복한 인구 비율이 높은 것으로 나왔다. 그리고 빈곤층을 대상으로 조사한 결과를 보니, 그 역시 개발도상국이 선진국보다 더 행복한 인구 비율이 많은 것으로 나왔다. 사람들은 거기까지의 결과만 보고, 개발도상국 사람들이 더 행복하고, 선진국 사람들은 개발도상국보다 더 불행함을 느낀다고 해석한다.

그러다 보니 선진국 사람들은 우리가 돈을 많이 벌어 부유해지기는 했지만 돈 버는 데만 신경 써서 생활의 여유나 사람들 사이의 정이 부족해져 행복에서 멀어졌다는 식으로 문제를 해석한다. 어떤 사람들은 서로 너무 심하게 경쟁하며 사는 문화 때문에 선진국 사람들이 불행해졌다면서, 가난해도 낙천적으로 살면서 만족할 줄 아는 개발도상국 사람들을 본받자고 한다. 반면 개발도상국 사람들은 우리가 가난하기는 하지만 그래도 모든 계층에서 선진국 사람들보다 더 행복한 국민이라고 선전한다. 그러면서 자기 나라가 최고라고 주장한다. 개발도상국 국민들 중 일부는 더 좋은 나라를 위해서는 개혁이 필요하고, 국민들에게 더 많은 자유와 평등과 복지를 보장하고 기술개발과 교육에도 신경을 써야 한다고 주장하기도 했다. 하지만 지금처럼 지내는 나라가 오히려 선진국보다 더 행복한 나라라는 주장 때문에 개혁해야 한다는 목소리는 묻혀 버린다.

심프슨의 역설을 고려하면, 이러한 해석은 완전히 잘못된 것일 수 있다. 구체적으로 수치를 살펴봤을 때, 부유층 중에서 행복한 사람의 비율이 선진국과 개발도상국에서 각각 50퍼센트와 55퍼센트로 나와 개발도상국 사람들이 더 행복하고, 빈곤층 중에서 행복한 사람의 비율이 선진국과 개발도상국에서 각각 10퍼센트와 20퍼센트로 나와서 역시 개발도상국 사람들이 더 행복한 거라고 해 보자. 그런데 선진국은 전체 5,000만 명 인구 중에 4,000만 명이 부유층이고, 개발도상국 사람들은 전체 5,000만 명의 인구 중 단 1만 명만이 부유층이라면?

선진국의 행복한 사람 비율을 계산해 보면 전체 수치는 많은 수를 차지하는 4,000만 명의 부유층 쪽의 행복한 사람 비율, 즉 50퍼센트에 가까워질 수밖에 없다. 실제로 계산해 보면 선진국 사람들 전체 중에서 행복한 사람들은 42퍼센트다. 그에 비해 개발도상국의 전체 행복한 사람 비율의 전체 수치는 많은 수를 차지하는 4,999만 명의 빈곤층 쪽의 행복한 사람 비율, 20퍼센트에 가까워질 수밖에 없다. 실제로 계산해 보면 개발도상국 사람들 전체 중에서 행복한 사람들은 약 20퍼센트가 나온다. 선진국 사람들의 수치 42퍼센트보다 한참 낮다.

다시 말해 전체를 보면 선진국 사람들이야말로 개발도상국 사람들보다 행복하게 사는 비율이 훨씬 높다. 선진국 사람들이 개발도상국 사람들의 행복을 배우겠다고 엉뚱한 정책을 추진하는 것은 잘못된 일이다. 반대로 개발도상국 사람들은 지금 그 나라가 선진국보다 행복하다고 만족할 것이 아니라, 무엇인가 그 나라를 개선해 더 행복한 사람들이 많아지도록 조치를 취해야 한다. 무엇보다 개발도상국 사람들 중 더 많은 사람들이 부유층이 될 수 있도록 소득 수준을 끌어올릴 필요가 있을 것 같다.

숫자를 모두 펼쳐 놓고 보면 심프슨의 역설은 사람들이 숫자를 계산할 때 자주 하게 되는 착각일 뿐, 역설이 아니라는 점이 쉽게 드러난다. 사람의 판단은 일상생활의 많은 경험으로 어떤 물체를 나누어 놓았다가 나중에 다시 합치면 처음과 비슷해진다는 감각을 갖고 있다. 두부 한 모를 잘라서 열 조각을 만들었는데, 그 열 조각을 다 집어 먹으면 두부 한 모만큼의 양을 먹게 되는 경험을 하기 때문이다. 그러나 비율을 따지는 문제는 그런 단순한 생각이 통하지 않을 수 있다. 그래서 심프슨의 역설을 쉽게 예상하지 못하는 착각을 하게 된다. 에드워드 심프슨이 심프슨의 역설을 발표한 지 벌써 오랜 세월이 지났지만, 여전히 온갖 분야에서 사람들은 심프슨의 역설 때문에 오판을 한다.

함정에 빠지지 않고 제대로 분석하려면

심프슨의 역설을 완전히 이해하려면, 부분과 전체의 관계가 지금까지 소개한 것과는 반대로 뒤집힌 상황 역시 문제 될 수 있다는 점을 알아야 한다. 전체를 따진 수치를 보았을 때와 부분을 따진 수치를 보았을 때, 결과가 다르다고 해서 무조건 전체를 따진 수치가 항상 옳은 것은 아니라는 뜻이다.

한 예로 감염병에 대한 치료제들이 개발된 뒤, 원래 건강한 사람이 병이 걸렸을 때와 기저 질환자가 병이 걸렸을 때 치료한 결과를 모두 수집했다고 하자. 두 경우의 회복률을 모두 합해서 따져 보니 예전부터 쓰던 전통적인 치료제가 회복률이 높다는 결과가 나왔다.

건강한 사람과 기저 질환자 각각을 나눈 수치를 따져 보면, 새로 개발된 치료제가 양쪽 모두에서 오히려 더 우수한 결과를 보이는 약일 수 있다. 어쩌면 기저 질환자에게는 새로운 치료제가 훨씬 더 효과가 좋다는 결과가 나왔을지도 모른다. 그런데도 전체 수치에서 결과가 뒤집힌 이유는, 건강한 사람이 병에 걸렸을 때 워낙 전통 치료제를 많이 처방했기 때문일 것이다. 이런 상황에서 전체 수치를 계산하면 전통 치료제의 전체 결과 수치는 건강한 사람이 병에 걸렸을 때의 회복률 쪽에 가까워져서 높은 회복률이 나온다. 이런 경우에는 전체를 합한 수치만 볼 것이 아니라, 각각을 나누어 놓은 수치를 따로 따져 보는 것이 오히려 옳을 수도 있다.

처음의 예시로 돌아가면, 전체 전투 결과를 보면 김유신이 비담을 앞서기는 하지만, 고구려와의 전쟁을 백제 군대를 방어하는 것과 동등한 정도로 중요하게 생각해야 하는 상황이라면, 비담을 김유신보다 더 우수한 장군으로 평가하는 것이 맞을지도 모른다는 이야기다.

심프슨의 역설에 대한 전형적인 예시로 자주 제시되는 1973년 미국의 캘리포니아 버클리대학교 입시 결과도 여러 시각이 필요하다는 점을 잘 드러낸다. 그해 캘리포니아 버클리대학교 입시 결과는 전체를 놓고 보면 여학생 합격률이 남학생 합격률보다 낮았다. 그 때문에 여학생들이 입시에서 일정 정도 차별을 겪고 있는 것이 아니냐는 지적이 있었다. 그런데 각 학과별 입시 결과를 보면, 오히려 대부분의 학과에서 여학생 합격률이 남학생 합격률보다 높았다. 이렇게 보면 오히려 남학생들이야말로 입시에서 차별을 겪고 있는 거라는 말이 더 맞아 보인다.

이런 역설적인 현상이 발생한 이유는 학과별 지원자 숫자에서 쏠림이 발생해 심프슨의 역설이 일어났기 때문이다. 다시 말해, 여학생들은 합격률이 낮고 경쟁이 치열한 영문과 같은 학과에 워낙에 많이 지원했다. 물론 그런 학과에서도 남학생들과 비교해 보면 꽤 좋은 결과를 보여 주었지만 전체 합격률을 계산해 내면 그런 합격률 낮은 학과 쪽으로 전체 수치가 쏠려 버린다. 그렇다면 1970년 초 미국 입시에서 학생들이 경험한 남녀의 차이는 단순히 대학에서 어느 한쪽 성별을 입시에서 불이익을 준 것이라기보다는, 남녀 학생들 사이에 학과를 고르고 지망하는 학교를 선택하는 데 서로 다른 경향이 크게 나타난다는 점을 더 중요하게 보고 해석해야 한다. 이런 차이는 남녀 학생의 교육과 진로에 대해 보다 깊은 문화의 차이가 있다는 점을 암시한다.

따지고 보면 더하기, 빼기, 곱하기, 나누기를 하는 것뿐인 계산이지만 어떤 분석이 맞느냐 틀리느냐를 두고 살피다 보면 많은 숫자들이 너무 어지럽게 느껴진다. 간단히 설명해서는 누구 말이 맞는지 파악하기 어려워질 때도 많다. 민주주의 사회에서 여러 사람의 뜻을 모아야 하는 사회문제와 연결되는 때일수록, 더 많은 사람들이 심프슨의 역설 같은 일이 일어날 수 있다는 사실을 알고, 그 상황을 보다 쉽게 이해하고자 노력하는 것은 특히나 중요한 일이다.

점검의 역설

Inspection paradox

어떤 사건을 점검, 조사할 때 조사 대상으로부터 기인하는 오류를 가리키는 말. 실제 분포와 다르게 과잉 편향된 분포를 관찰하게 되므로, 점검의 역설을 인지하지 못하면 통계에 오류가 발생하고 잘못된 추론으로 이어질 수 있다.

머피의 법칙, 어째서 나는 매번?

내가 기다리고 있으면 이상하게도 버스가 너무 오랫동안 안 온다는 느낌을 받아 본 적 있는가? 아니면 내가 마트에서 물건을 사서 계산을 하려고 하면 이상하게 줄이 길어 항상 오래 기다리게 된다는 느낌을 받아 본 기억은? 약속 시간이 빠듯해서 허겁지겁 뛰어가고 있을 때, 이상하게도 엘리베이터가 안 와서 괜히 오래 기다리게 되어 초조했던 경험이 있지는 않은가?

1990년대에 이 비슷한 일들을 뭉뚱그려서 '머피의 법칙'이라고 부르는 것이 전 세계에 유행했다. 일이 안 풀릴 가능성이 높아 보이지 않는데도 이상하게 재수가 옴 붙은 것처럼 일이 잘 안 풀린다는 법칙인데, 운 없어 보이는 비행기 고장과 사고를 조사하던 미국의 머피 대위라는 사람의 이름에서 따온 법칙이라는 소문이 널리 퍼져 있다. 머피의 법칙 이야기는 운이 없는 자기 신세를 한탄하는 느낌이라 우습기도 해서 여러 사람의 공감을 얻었다. 한국에서는 '머피의 법칙'이라는 제목의 가요가 나와 인기를 얻기도 했다. 그냥 농담 거리 같아 보이는 머피의 법칙 사례 중의 일부는 확률을 따져서 계산해 보면 명확하게 증명할 수 있다. 그중 대표적인 것이 바로 이번에 이야기할 점검의 역설이다.

버스 기다리는 시간에서 발생하는 머피의 법칙은 가장 쉽게 설명할 수 있는 예시다. 배차 시간이 10분 간격인 버스가 있다고 해 보자. 운이 아주 좋을 때는 내가 정류장에 가자마자 바로 버스가 나타나서 10초도 안 기다리고 타게 된다. 반대로 운이 없을 때에는 9분 동안 기다려도 버스가 안 오다가 한참 만에 타게 될 때도 있다. 그래도 배차 시간이 평균 10분 간격이라면, 기다리는 내 입장에서도 평균 5분 정도 기다리면 버스를 탈 수 있지 않을까? 그런데 실제로 체험해 보면 그렇지는 않다. 아무래도 나는 대개 5분 이상 기다리는 일이 많은 느낌이 든다. 과거를 돌아봐도 5분보다 적게 기다린 때는 별로 없었던 것 같다. 오히려 5분 이상, 심지어 10분, 15분을 기다린 기억은 자주 있다. 왜 이런 일이 일어날까? 내가 특별히 운이 없는 사람인 걸까?

이런 현상은 역설까지 가지 않더라도 다른 더 쉬운 설명으로도 어느 정도 풀이할 수 있다. 사람의 판단 오류이자 심리적인 편향의 일종인 부정성 편향이 바로 그 답이다.

나쁜 것이 더 강력하다

부정성 편향은 사람이 어떤 문제의 정도가 얼마나 심한지

An Unhappy Family

Sailko, 1849
Oil on Canvas, 114×78cm
Musée d'Orsay, Paris

느끼거나 기억할 때, 긍정적인 상황보다는 부정적인 상황을 더 크고 강렬하게 받아들인다는 뜻이다. 즉 나에게 이익이 되는 일보다는 손해가 되는 일에 더 민감하다는 의미다. 은혜는 쉽게 잊히지만 상처받은 일과 원한은 오래 기억하게 된다고 볼 수도 있다.

사실이 그렇다. 나를 친절하게 대한 많은 사람에 대한 기억은 그다지 선명하게 새겨지지 않는다. 그러나 나에게 무례하게 군 한두 사람의 기억이 선명하게 남아 '내 주변에는 왜 이렇게 나쁜 사람들이 많은가.'라는 생각에 빠지기 십상이다. 한국은 세계 여러 나라 사이에서 선진국으로 분류되는 나라이므로, 세계 전체에서 보면 장점이 많은 나라다. 하지만 그런 장점보다는 "한국에서 사는 것은 지옥 같다."라는 말이 훨씬 더 인기를 끌기 쉽다. 대체로 사람들은 어린 시절 부모가 자신을 기르며 고생한 것은 당연하게 받아들이고, 부모가 실수로 뭐 하나 잘못한 일은 평생의 서운함으로 마음에 새겨 둔다.

그게 어쩔 수 없는 사람들의 습성이다. 나 자신도 좀 그런 것 같다. 옛 사람들이 효도를 그렇게나 강조한 것이나, 현인들이 원한을 너무 깊이 새겨 두지 말고 용서하는 마음을 가지라고 말했던 것도 따지고 보면 사람의 본성에 새겨져 있는 부정성 편향을 극복하라는 뜻일지도 모르겠다.

부정성 편향을 버스 기다리기에 적용해 보자. 어떨 때는 버스가 금방 오기도 하고, 어떨 때는 버스가 늦게 오기도 한다. 버스가 금방 오면 반갑고 운 좋다는 생각이 든다. 그렇지만 이런 기억은 얼마 되지 않아 잊힌다. '그날, 정류장에 나갔을 때 5초도 안 되어서 버스가 왔지. 그래서 목적지에 평소보다 5분이나 일찍 도착했어. 정말 즐거운 행운이어서 잊히지가 않네.' 이런 생각을 오래 마음에 담아 두는 사람은 거의 없다.

대신 10분을 기다려도 버스가 안 온다면, 버스를 기다리며 답답해하던 기분, 버스를 기다리는 동안 덥거나 추운 날씨를 버텨야 했던 고생이 강하게 마음에 남는다. 만약 예상보다 버스가 늦게 오는 바람에 지각을 하거나 중요한 약속을 놓치게 되었다면 그 기억은 다른 기억을 지워 버릴 정도로 강해져 오래 지속될 것이다. "그 버스 때문에 나는 중요한 시험에 늦어서 인생을 망칠 뻔했어. 그 버스는 골칫거리야."라고 주변에 떠들고 다니게 될지도 모른다. 실제로 하나하나 시간을 기록해 평균을 내 보면 버스를 기다린 시간은 그렇게까지 길지 않을 수도 있다. 그런데도 오래 기다려서 고생한 일이 더 마음에 깊게 남기 때문에 실제 경험의 평균보다 더 오래 기다렸다고 믿게 된다.

어떤 이들은 사람이 갖고 있는 부정성 편향을 진화와 연결시켜 설명하기도 한다. 수만 년 전 혹은 수십만 년 전의 먼 옛날, 사람들 중에는 부정성 편향이 있는 사람도 있었을 것이고 반대 성향을 갖고 있는 사람도 있었을 것이다. 그런데 부정성 편향이 있어야 살아남기에 유리했기 때문에 그 사람들이 후손을 남겼고, 그래서 그 성향이 유전되어 널리 퍼져 나갔다. 그리고 그 때문에 지금의 우리는 대개 부정성 편향을 갖고 있다는 주장이다.

구석기시대의 어느 날, 빽빽한 숲에 들어서는 두 사람을 상상해 보자. 한 사람에게는 부정성 편향이 있다. 전에 빽빽하고 어두운 숲에 들어갔다가 갑자기 튀어나온 호랑이 때문에 질겁을 했던 기억을 아주 강하게 갖고 있다. 그렇기 때문에 이번에 숲에 들어갈 때에도 조심하고 겁을 낸다. 한 손에는 여차하면 호랑이를 공격할 돌도끼도 들고 있다. 반면에 다른 사람에게는 부정성 편향의 반대 성향이 있다. 비슷한 숲속에 들어갔다가 감나무를 여럿 발견하고 거기에 홍시가 주렁주렁 열려서 배불리 따 먹었던 좋은 기억이 더 강하게 이 사람의 마음속에 남아 있다. 이 사람은 즐거운 마음으로 또 과일을 발견할 것을 상상하며 느슨한 태도로 숲속에 들어선다.

만약 이때, 숲속에서 곰이나 표범이 나타난다면 살아남을 가능성이 훨씬 높은 사람은 부정성 편향을 갖고 있는 사람이다. 그 사람은 최악의 상황에 대비해서 조심스럽게 다가서며 도망칠 준비와 반격하기 위한 대비도 하고 있기 때문이다. 반대 성향을 갖고 있는 사람은 맹수의 공격을 받아 세상을 떠나게 된다. 일찍 세상을 떠난 사람은 자손을 남기지 못한다. 그에 비해 부정성 편향을 갖고 있던 그 사람은 조심스럽게 산 덕분에 자손을 많이 남겨 번성한다. 그렇게 번성해서 남은 자손이 바로 우리들이다.

여기서 중요한 것은 실제로 냉정하게 빽빽한 숲속에 들어갔을 때 좋은 일이 많았느냐 나쁜 일이 많았느냐를 따져 보면, 딱히 나쁜 일이 일어날 때가 그렇게 많지는 않다는 점이다. 심지어 부정성 편향을 가진 사람의 판단은 완전한 착각으로, 객관적으로 따져 보면 오히려 숲속에 들어갔다가 좋은 것을 발견하는 일이 더 많이 일어났을 수도 있다. 그러므로 숲에 들어가는 그 순간에 미래를 예측하는 확률 문제만 따진다면 오히려 부정성 편향의 반대 성향을 가진 사람이 더 정확한 판단을 내린 것일 수도 있다.

그러나 그런 확률의 문제는 최악의 부정적인 상황인 죽음 앞에서는 의미가 없어진다. 진화에서는 누가 확률을 정확히 판단할 수 있거나 말거나, 어쨌든 조금이라도 더 죽음을 피하고 살아남아서 자손을 남기는 쪽의 성향이 퍼져 나갈 뿐이다. 이렇게 생각해 보면 우리가 항상 두려움에 시달리고, 자신감이 없어 괴로워하고, 부정적인 생각 때문에 힘겨워하는 까닭은 그만큼 우리가 최악의 상황을 대비하면서 살아남는 데 성공한 그 조상들의 후손이기 때문이다.

확실히 부정성 편향은 급박한 상황에서 생존하는 데는 도움이 되는 면도 있을 것이다. 그러나 현대사회에서는 객관적인 판단이 필요한 많은 문제에 개입해서 우리의 판단을 흐리는 일도 많다. 대표적인 것이 언론의 보도 경향이다.

세계의 여러 나라에서 경제가 성장하고 강력 범죄가 줄어드는 추세가 나타나곤 한다. 그렇지만 작년보다 금년에 강력 범죄가 5퍼센트 줄어들었다는 소식은 잘 보도되지 않는다. 설령 보도된다고 해도 사람들에게 큰 관심을 끌지 못한다. 관심을 못 끄니 더더욱 언론은 세상이 평화로워졌다는 소식을 보도할 이유가 없다.

그에 비해 언론은 가끔 일어나는 흉악한 범죄, 무시무시한 악인의 행적 같은 사건은 크게 보도한다. 이렇게 부정적인 사건이 사람들에게 많은 관심을 얻고 인기를 끌기 더 좋기 때문이다. 시간이 지나면서 이런 언론 보도를 접하는 사람들에게 부정성 편향은 더욱 심각해진다. 가뜩이나 부정적인 생각이 더 뚜렷하게 머릿속에 남아 판단에 더 많은 영향을 미치기 마련인데, 언론이 보도하는 내용도 세상이 더 위험해지고, 더 불안해지고, 더 나쁜 곳으로 변해 가고 있다는 소식에 더 집중하고 있다. 그러니 편향에서 벗어나기란 점점 어려워진다. 여기까지가 버스를 오래 기다리게 되는 문제를 착각으로 설명하는 방식이다.

내 경험과 평균값이 다른 이유

버스를 기다리는 시간이 이상하게 길게 느껴지는 것은 단지 부정성 편향만은 아니다. 버스가 운행하는 실제 시간 간격이 언제나 완벽히 동일하지 않다면, 설령 부정성 편향이 없더라도 확률상 내가 버스를 탈 때면 이상하게 더 오래 기다려야 하는 것 같은 현상이 정말로 일어난다. 바로 이런 현상을 점검의 역설이라고 한다.

보통 평균 10분 간격으로 운행하는 버스라 하더라도 언제나 정확하게 10분마다 버스가 오는 것은 아니다. 어떨 때는 8분 만에 오기도 하고, 어떨 때는 12분 만에 오기도 한다. 그러니 현실에서는 대체로 점검의 역설이 언제나 발생하기 마련이다. 달리 말하면, 오늘부터 내가 매일 아침 집에서 나가 버스를 기다릴 때마다 버스를 얼마나 기다렸는지 측정해 통계를 내 보면, 냉정하고 객관적으로 보더라도 나는 평균 배차 시간에서 도출된 수치보다 더 오래 기다리게 될 가능성이 높다는 의미다. 즉 점검의 역설은 내가 누구인지도 모르고, 내가 어디 사는지도 모르지만, 내가 버스를 기다릴 때 운이 없는 느낌이 들고 머피의 법칙을 느끼게 될 거라고 예상한다.

언뜻 생각해 보면 대단히 납득하기 어려운 주장이지만, 극단적인 예를 살펴보면 이런 현상이 왜 일어나는지 좀 더 쉽게 이해할 수 있다.

하루를 분 단위로 따지자면 1,440분이다. 그중에 심야 시간을 빼고 약 1,000분에 걸쳐 하루에 총 네 대의 버스를 운행하는 노선이 있다고 해 보자. 첫 번째 버스는 아침 영업 시작 1분 만에 우리 집 앞 정거장에 온다. 두 번째 버스는 그때부터 1분을 더 기다리면 우리 집 앞 정거장에 온다. 세 번째 버스도 그때부터 1분을 더 기다리면 우리 집 앞 정거장에 온다. 여기까지만 보면 배차 간격은 대략 1분 간격인 것 같다.

그런데 이 버스 회사는 아침 외에는 별로 장사를 할 생각이 없는 곳이다. 그래서 그렇게 아침에 차 세 대를 내보내고 나면 그다음부터는 하루 종일 버스를 정비하고 휴식만 취한다. 그리고 밤늦게 영업을 마칠 시간이 되어서야 마지막으로 막차를 보낸다. 그래서 세 번째 버스와 네 번째 버스 사이의 배차 간격은 997분이다.

버스 회사 입장에서 배차 간격의 평균을 계산해 보자. 1분, 1분, 1분, 997분을 모두 합해서 4로 나누면, 평균은 250분이다. 그러므로 평균 배차 간격은 250분, 즉 4시간 10분 간격이다. 만약 버스가 정말로 정확하게 4시간 10분마다 한 대씩 집 앞에 도착한다면, 나는 하루 중 언제 집 앞에 나가든 최악의 경우에도 4시간 10분만 기다리면 버스를 탈 수 있다. 평균을 내면 대략 그 절반인 2시간 좀 넘는 시간만 기다리면 버스를 탈 수 있을 것이다.

그러나 현실은 그렇지 않다. 이 버스 회사에서 실제로 1분 간격으로 차를 촘촘히 보내는 시각은 아침, 세 대밖에 없다. 그 시기를 놓치면, 꼼짝없이 막차가 올 때까지 심하면 997분 이상의 시간을 기다려야 한다. 16시간 40분에 가까운 긴 시간이다.

만약 내가 이런 사정을 모르고 있어서 그냥 하루 중 아무 때나 버스를 타기 위해 정류장으로 간다고 해 보자. 우연히 버스가 촘촘히 지나가는 몇 분 안 되는 아침 시간에 하필 딱 맞춰서 버스를 타러 나갈 확률은 아주 낮다. 반대로 밤늦게 막차 시간에 가깝게 나왔다면 요행으로 몇 분 안 기다려서 차를 탈 수도 있을 것이다. 하지만 점심 무렵에 버스를 타러 나왔다면 7시간, 8시간을 기다려야 한다. 아침에 차들이 몰려오는 시각을 살짝 빗겨 나가 조금 늦게 나가면 16시간 이상을 기다려야 할 것이다. 그렇게 내가 겪는 일의 평균을 따져 보면 기다리는 시간은 8시간 이상이 된다. 버스 회사 입장에서 정한 평균 배차 시간만 보고 계산하면 운이 없어도 4시간 10분만 기다리면 될 것 같은데, 실제로는 그보다 훨씬 오래 기다리게 되는 경우가 많다.

그나마 지금까지 이야기한 상황은 아침에 항상 차들이 몰려온다는 것을 가정한 사례다. 규칙적으로 이런 일이 발생한다면, 그것을 알아채고 아침에 나서서 차를 타면 된다. 그런데 만약 버스 회사가 1분 간격으로 차를 보내는 시점을 자기 마음대로 매일 바꾼다면? 심지어 버스 회사의 계획과도 상관없이 그냥 어떤 우연에 의해 저절로 바뀐다면? 그러면 버스가 자주 오는 시간대를 예상할 수 없으니, 좋은 시간대를 맞춰 버스를 타는 방법을 사용할 수도 없다. 그저 꼼짝없이 평균 배차 시간에서 계산된 결과보다 더 오래 기다리는 일을 대단히 자주 겪게 될 뿐이다.

대부분의 도시에서 시내버스가 어떨 때는 1분, 어떨 때는 997분 간격이라는 식으로 다니지는 않을 것이다. 그러나 다들 평균 배차 시간에서 어느 정도의 간격 차이는 생기기 마련이다. 평균은 정해져 있더라도 어떤 때는 배차 간격이 길고, 어떤 때는 배차 간격이 짧아진다. 그렇다면 나는 배차 간격이 긴 쪽의 영향을 자주 받게 되어, 결국 평균 배차 간격에서 계산되는 수치보다 더 오래 기다리게 될 가능성이 높아진다.

이런 일이 발생하는 이유를 조금 더 깊이 따져 보면, 이것은 내가 확인하고 점검하는 대상을 뽑는 작업이 그 점검하는 대상 자체의 특성에 영향을 받아 오류가 생기는 것이라고 요약해 볼 수 있다. 깊은 바다에 어떤 물고기가 사는지 점검해 보려 한다. 그러기 위해서 커다란 바가지를 바닷속에 넣은 뒤에 퍼 올려서 그 바가지 속에 어떤 물고기가 들어와 있는지 확인하는 방식을 사용한다고 하자. 한 바가지만 퍼 올리면 우연에 의해 한쪽으로 쏠린 결과가 나올 수도 있으니, 열 바가지 정도 바닷물을 퍼서 점검하기로 한다.

그러나 열 바가지, 아니 스무 바가지를 퍼 올린다고 해도, 아마 바다에는 크기가 작고 둔한 물고기들이 많이 산다는 결과가 나올 것이다. 왜냐하면 바가지로 퍼 올릴 수 없을 정도로 아주 큰 물고기는 애초에 끌어올릴 수 없고, 또한 바가지에서 쉽게 빠져나갈 수 있는 날쌘 물고기도 퍼 올리기 전에 다들 도망갈 것이기 때문이다. 바가지로 바닷물을 퍼서 물고기를 점검한다는 작업이 물고기의 크기, 날쌘 정도라는 특성에 영향을 받기 때문에 오류가 생긴다.

다시 시내버스를 기다리는 문제로 돌아가 보자. 우리가 알아내려고 하는 사실은 버스를 얼마나 오래 기다리게 되느냐 하는 시간의 문제다. 그런데 하루의 시간은 한정되어 있으니, 그중에 어떤 버스들은 비교적 오랜만에 나타나고 어떤 버스들은 짧은 간격으로 나타난다. 그렇다면 결국 오랜만에 오는 버스들이 하루의 일정을 차지하고 있는 비중이 그만큼 더 크다. 그러므로 내가 하루 중 아무 때나 나간다고 하면, 자연히 오래간만에 오는 버스들이 차지하고 있는 시간을 만날 확률이 높다. 이것이 점검의 역설이 내가 버스를 오래 기다리게 만드는 이유다. 만약 아침부터 저녁까지 계속 정류장에 머물면서 왔다 가는 모든 버스들을 확인해서, 배차 간격을 계산해 본다면 그 평균은 아마도 버스 회사에서 말한 대로일 것이다.

점검의 역설을 극복할 방법은?

점검의 역설은 세상의 여러 방면에서 나타난다. 백화점이나 공공장소를 돌아다니는 안내용 로봇은 왜 고장 난 채로 방치되어 있는 것이 많을까, 왜 바로 수리하지 않을까? 왜 자동판매기나 에스컬레이터가 한번 고장 나면 아무도 신경 쓰지 않는 것처럼 오래 방치되어 있는 느낌이 들까? 유독 내 주변에서 그런 모습을 자주 본 것 같지 않은가?

이런 일은 왜 일어날까? 혹시 사람들이 로봇이나 새로운 기계를 설치했다는 사실을 자랑하기만 좋아하지, 꾸준히 유지하고 보수하며 관리하는 일은 게을리하기 때문일까? 아니면 한국 사람들의 습성이 원래부터 고장 난 것을 재빨리 고칠 줄 모르고 누가 고장을 수리할 책임이 있는가를 떠넘기며 미루기 때문일까?

정말로 그런 문제가 있을 수도 있다. 그러나 사실은 그런 문제가 없거나 문제가 있다고 해도 그렇게까지 심각한 수준은 아니고, 그저 점검의 역설 때문에 눈에 자주 띌 뿐일 수 있다.

아마도 안내용 로봇이나 자동판매기는 대부분 고장 나면 즉시 수리를 할 것이다. 그렇게 해서 다시 원래 상태로 돌아온다. 이런 경우에 고장 난 채로 멈춰 있는 시간은 짧다. 내가 지나가다가 고장을 마주칠 기회 자체가 적다는 의미다. 에스컬레이터가 고장이 나 있지만 대부분 고장 나자마자 15분 만에 고친다고 치자. 그러면 내가 마침 공교롭게 그 짧은 순간을 목격하지 않은 다음에야 아예 고장 났다는 사실 자체를 모르고 넘어가게 된다. 그러나 가끔, 쉽게 수리하기 어려운 고장이 일어나 이틀에서 사흘 정도 에스컬레이터가 방치되어 있으면 그것이 눈에 뜨일 기회는 많아진다. 내 눈에 잘 뜨이는 고장일수록, 수리하는 데 시간이 오래 걸리는 고장일 확률이 높다.

실제로는 기술자들이 부지런히 달라붙어 최대한 빨리 고장을 수리하고 있지만, 점검의 역설 탓에 빨리 수리할수록 금방 원상태로 돌아가므로 그 수리하는 모습은 도리어 눈에 잘 뜨이지 않는다. 그러나 가끔 오래 고장 난 채 멈춰 있는 기계는 자주 눈에 뜨여, 나는 세상 사람들이 왜 이렇게 고장에 신경 쓰지 않고, 수리하는 데 굼뜨냐고 투덜거리게 된다.

점검의 역설은 모든 경우를 헤아린 객관적인 상황과 한 사람이 겪는 일의 차이 때문에 발생하는 현상이다. 그에 비해 부정성 편향은 단순히 사람이 갖는 부정적인 기분의 문제다. 그러므로 이 둘은 서로 다른 현상이다. 그러나 만약 나쁜 체험을 안겨 주는 점검의 역설이 부정성 편향과 겹치면, 부정성 편향은 더 심해질 수 있다. 부정성 편향 때문에 안 그래도 세상을 보다 부정적으로 평가하기 쉬운데, 점검의 역설은 실제로도 나의 체험은 평균보다 부정적으로 나타날 수 있다는 점을 알려 준다. 그렇다면 역시 이 세상은 부정적이라는 생각이 자꾸만 더 강해지고, 부정성 편향으로 잘못 생각한 것이 맞지 않느냐는 기분이 들 수 있다.

점검의 역설이 항상 나쁜 느낌만 강하게 만드는 것은 아니다. 예를 들어 고령화사회로 접어든 나라에서 시골 마을의 논밭을 돌아다녀 보면 노인들이 긴 세월 장수하고 있는 마을, 장수촌이 자주 발견된다. 그 노인들 중에서도 활발하게 활동하는 사람이 무척 많아 보인다. 그러면 이 나라 사람들은 다들 오래 살고 그러면서도 건강하다는 생각을 하기 쉽다.

이 역시 마찬가지로 내가 점검하는 대상인 노인들의 수명을 알아내기 위해 노인들을 마주친다는 작업이 노인들의 수명이라는 사실 자체에 영향을 받으므로 발생하는 현상이다. 고령화사회의 시골 마을에서는 대체로 원래 있던 사람이 계속 그곳에서 살아갈 뿐, 다른 곳에서부터 젊은 사람들이 찾아와 사는 일은 많지 않다. 세월이 지나면 자연히 수명이 짧은 사람들은 세상을 떠난다. 그러면 남아 있는 이들은 장수하는 사람뿐이다. 게다가 장수하는 사람들 중에서도 병원에 입원해 있거나 건강이 나쁜 사람들은 논밭에서 일을 하지 못한다. 그러니 마을의 밭둑길을 걸어 다니다가 만나는 사람들은 대부분 건강하고 장수하는 사람들이다. 그렇기 때문에 나는 그 사회가 더 건강하고 장수하는 사회라고 보게 된다. 이렇게 극단적인 경우 때문에 상황을 오판하게 되면, 그것을 따로 생존편향이라고 부르기도 한다.

점검의 역설을 넘어서서 한 사람, 한 사람이 체험한 사실과 객관적인 현상 사이의 관계를 정확하게 밝혀내려면 어떻게 해야 할까? 예를 들어, 버스 배차 간격이 평균에서 10퍼센트 정도의 폭으로 왔다 갔다 하며 달라진다면, 내가 버스를 이상하게 오래 기다리게 되는 일을 겪을 확률은 얼마나 커질까? 학자들은 오래전부터 이런 일을 정확하게 계산하기 위해 노력해 왔다. 전통적인 방법으로는 푸아송 분포Poisson distribution 와 푸와송 과정Poisson process이라는 것을 활용해 확률과 시간 간격 사이의 관계를 따지는 방식이 있었다. 조금 더 상세하게 는 사람이 기다리는 시간을 최대한 줄이거나 점검과 수리의 효율을 높이는 문제를 풀기 위해서 대기행렬 이론이나 재생 이론이라는 방법을 개발해 사용하기도 한다.

이런 방법들은 그 나름대로 꾸준히 발전해서, 현재 그 이용 범위는 버스 기다리는 마음을 달래 주는 것이나 머피의 법칙을 설명하는 것을 한참 넘어섰다. 그리하여 세상의 여러 문제를 풀이하는 데에 널리 쓰이고 있다. 급식에서 밥 나눠 주는 곳을 몇 군데 운영하는 것이 가장 효율적이냐를 따지는 문제에서부터, 동시에 여러 개의 프로그램을 실행해야 하는 컴퓨터의 반도체 칩이 무슨 기준에 따라 어떤 차례대로 돌아가며 프로그램을 운영해야만 가장 안전하고 빠르게 보일 수 있는지까지 응용 범위는 다양하다.

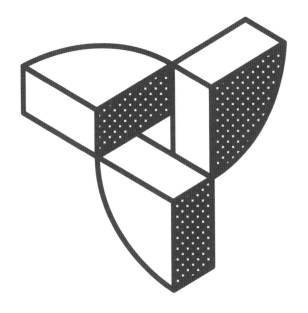

콩도르세의 역설

Condorcet's paradox

18세기 후반에 수학자이자 정치 이론가인 콩도르세 후작 Marquis de Condorcet이 주창한, 단순 다수결 투표가 유권자의 선호를 제대로 반영하지 못하는 현상을 뜻한다. 한 유권자가 B보다 A를 좋아하고 C보다 B를 좋아한다면 C보다 A를 좋아해야 하지만, 최다 득표제일 경우에는 이에 위배되는 결과가 나올 수 있다는 것이다.

틀림없이 당선인 줄 알았는데

    선거가 끝나고 나면 종종 언론에서 다루는 역설로 콩도르세의 역설이 있다. 얼핏 보면 절대 당선되지 않을 것처럼 보이는 후보가 공정한 선거를 통해 당선될 때가 있다. 이럴 때 많은 사람들이 당황하기도 하고 그중 일부는 도저히 결과를 받아들이지 못해 부정선거가 일어난 것은 아닌지 의심하기도 한다. 그러나 콩도르세의 역설이라는 현상이 일어나면 이런 일은 충분히 생길 수 있으며 또 의외로 자주 있기 때문에, 여러 나라에서는 이런 상황을 접했을 때 선거제도를 바꾸어야 한다고 주장하기도 한다.

    만약 전 세계에서 아이돌 인기투표를 한다고 생각해 보자. 한국 아이돌 그룹, 프랑스 아이돌 그룹, 브라질 아이돌 그룹이 후보로 나왔다. 실제 투표를 진행하기 전에 사람들에게 한국 아이돌 그룹과 프랑스 아이돌 그룹 중에 누가 좋으냐고 물어봤더니 과반수의 사람들이 한국 아이돌 그룹이 더 좋다고 한다. 그 격차는 상당히 크다. 또 한 번 사전 조사를 해 본다. 이번에는 사람들에게 한국 아이돌 그룹과 브라질 아이돌 그룹 중에 누가 더 좋은지 물어봤다. 이번에도 한국 아이돌 그룹이 좋다고 말하는 사람들이 더 많다. 역시 격차는 꽤 크다. 두 번의 조사에서 모두 한국 아이돌 그룹이 이기는 결과가 나왔으니, 자연히 투표를 하면 한국 아이돌 그룹이 1위가 될 거라고 사람들은 생각한다. 그런데 결과는 다르다. 엉뚱하게도 한국 아이돌 그룹에 비해 한참 인기가 없어 보였던 프랑스 아이돌 그룹이 가장 많은 표를 얻는다. 어떻게 이럴 수가 있을까?

프랑스 아이돌은 인기가 가장 없는 편인데 그래도 프랑스 아이돌 그룹을 좋아하는 사람은 비록 그 숫자가 적더라도 프랑스 아이돌 그룹만을 흔들림 없이 좋아한다. 프랑스 아이돌 그룹 팬들은 강하게 충성하는 팬들이고, 골수팬들이다. 동시에 브라질 아이돌 그룹과 한국 아이돌 그룹을 둘 다 좋아하는 사람들이 꽤 많다면 이런 일이 발생할 수 있다.

하나하나 따져 보자. 만약 프랑스 아이돌과 한국 아이돌 중에 누구를 더 좋아하는지 물어보면, 프랑스 아이돌을 좋아하는 사람은 원래 많지 않기 때문에 한국 아이돌이 좋다고 하는 사람들이 더 많다는 결과가 나온다. 물론 브라질 아이돌이 최고라고 생각하는 사람들도 있다. 그러나 이 사람들도 프랑스 아이돌에 비하면 한국 아이돌이 훨씬 좋다고 생각한다. 그렇기 때문에 한국이냐 프랑스냐 중에서 고르라고 하면 한국 아이돌이 좋다고 하는 사람들이 더 많다.

그러면 브라질과 한국 아이돌 중에 누가 좋은지 물어보는 질문에 대한 대답은 어떻게 될까? 프랑스 아이돌을 좋아하는 사람들이 브라질 아이돌보다 한국 아이돌을 조금 더 좋아하는 경향이 있었다고 해 보자. 그러면 이 사람들은 브라질, 한국 둘 중에서만 골라야 하는 질문에서는 한국 아이돌을 선택한다. 합계를 내 보면 이번에도 브라질 아이돌과 한국 아이돌 중에 한국 아이돌이 인기가 더 많은 것으로 나타난다. 여기까지가 한국 대 브라질, 한국 대 프랑스 아이돌의 인기를 모았을 때, 두 번 다 한국이 이기는 결과가 나타난 이유다. 그러나 한국, 프랑스, 브라질 셋 중에서 골라 보는 실제 투표를 하면 결과는 달라진다.

프랑스 아이돌이 전체의 35퍼센트 밖에 득표하지 못했다고 치자. 실제로도 사람들은 한국 아이돌이나 브라질 아이돌에 비하면 프랑스 아이돌이 훨씬 인기가 없다고 생각한다. 실제 투표 결과도 65퍼센트의 사람들은 프랑스 아이돌보다야 한국 아이돌 아니면 브라질 아이돌이 더 좋다고 생각하는 것으로 나타났다. 그런데 그 65퍼센트의 사람들이 한국 아이돌이나 브라질 아이돌 한쪽으로 쏠려 있는 것은 아니다. 사람들은 한국 아이돌이나 브라질 아이돌 둘 중 하나를 골라야 한다. 한국 아이돌은 33퍼센트의 선택을 받는다. 브라질 아이돌은 32퍼센트의 선택을 받는다. 과반수가 되는 65퍼센트의 사람들이 프랑스 아이돌을 택하지 않았지만, 그래도 1등은 35퍼센트인 프랑스다.

다시 한번 돌아가서 상황을 따져 보자. 한국 대 프랑스, 둘 중에서만 고른다면, 브라질 아이돌을 좋아하는 사람들도 다 한국 아이돌이 최고라고 투표할 것이기 때문에, 65퍼센트라는 숫자가 한국 아이돌을 좋아한다는 결과가 나온다. 한국 대 브라질, 둘 중에서만 고르라면서 조사해 본다면, 프랑스 아이돌을 좋아하는 사람들도 한국 아이돌이 브라질 아이돌보다는 낮다고 생각하기 때문에 68퍼센트가 한국 아이돌을 택하는 결과가 나온다. 한국 대 프랑스, 한국 대 브라질, 둘 다, 65퍼센트, 68퍼센트로 너끈히 이기기 때문에 한국 아이돌은 최고 같아 보인다. 그러나 한국, 브라질, 프랑스 셋을 놓고 실제로 투표를 해 보면 프랑스가 승리한다.

콩도르세 역설이 대통령을 만들다

숫자를 놓고 따지면 어려워 보일 수 있지만, 한국에서는 이런 투표 결과를 두고 예전부터 흔히 사용하는 용어가 있다. "표가 갈렸다."라는 표현이다. 프랑스 아이돌은 따지고 보면 별 인기가 없다. 그래서 어지간한 아이돌이라면 프랑스 아이돌과 일대일 대결을 하면 인기투표에서 이길 수 있다. 그런데 프랑스 아이돌의 상대로 두 팀, 세 팀의 상대 아이돌이 출전하면 상황이 바뀔 수 있다. 투표를 하다 보면 그 여러 팀에게 표가 나누어지기 때문이다. 그에 비해 프랑스 아이돌의 팬은 골수팬들이다. 프랑스 아이돌 이외의 다른 후보에게 투표하지 않는다. 그러면 프랑스 아이돌이 인기가 가장 없지만 1위가 될 수 있다.

1948년 대한민국 제1공화국 수립 이후 많은 선거를 해 온 한국에서는 실제로 이 비슷한 일이 여러 차례 있었다. 가장 널

리 알려진 사례는 1987년 치러진 제6공화국의 첫 번째 대통령 선거였다.

당시 대통령 후보로 나섰던 노태우 후보는 제6공화국에 앞선 시대였던 제5공화국에서 요직을 차지한 인물이었다. 1987년 6월 민주 항쟁의 성공으로 제5공화국이 막을 내린 상황이었으므로, 국민 중에는 몰락한 제5공화국의 중요 인물이

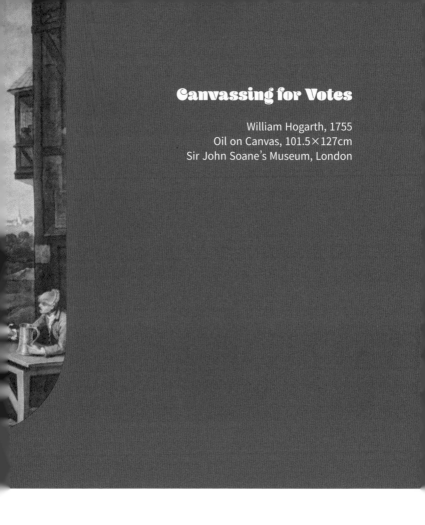

Canvassing for Votes

William Hogarth, 1755
Oil on Canvas, 101.5×127cm
Sir John Soane's Museum, London

었던 노태우 후보에 대해서는 그다지 호감을 보이지 않는 사람들이 많았다. 그에 비해 경쟁자로 나타난 후보들은 민주화 운동의 주인공처럼 등장해 인기가 많은 편이었다. 노태우 후보는 경쟁자에게 맥없이 무너질 것처럼 보였다.

그런데 문제는 노태우 후보의 경쟁자로 김영삼과 김대중 두 사람이 나타났다는 점이다. 두 사람은 민주화운동 동지로 활동하기도 했고, 한편으로는 각자 꾸준한 지지자들을 갖고 있는 라이벌이었다. 그렇다 보니 막상 선거 결과는 노태우 후보를 뽑지 않는 사람들의 표가, 김영삼 후보와 김대중 후보로 갈렸다. 그래서 노태우 후보는 37퍼센트밖에 득표하지 못했는데도 1위가 되어 대통령이 되는 데 성공했다. 김영삼 후보와 김대중 후보는 각각 28퍼센트, 27퍼센트를 득표했으므로 만약 두 사람 대신 어느 한 사람이 등장해 그 표를 한 번에 다 흡수했다면 55퍼센트가 되어 노태우 후보를 월등히 압도할 수 있었다.

당시 언론 보도를 보면 김영삼 후보와 김대중 후보의 지지자들 중에는 이렇게 표가 갈려서 엉뚱하게 노태우 후보가 승리한 결과를 대단히 안타까워한 경우가 많았다. 그러니까 노태우, 김영삼 두 후보만 투표에 나왔다면 노태우 37퍼센트, 김영삼 55퍼센트로 김영삼이 당선되었을 것이고, 노태우, 김대중 두 후보만 투표에 나왔다면 역시 노태우 37퍼센트, 김대중 55퍼센트로 김대중이 당선되었을 것이라고 예상한 것이다. 일대일 대결을 한다면 노태우 후보는 김영삼 후보에도 패배하고, 김대중 후보에도 패배한다. 그런데도 실제 선거를 했더니 노태우 후보가 1위로 대통령이 되고 말았다.

이렇게 선거를 각각 일대일 대결로 한다고 가정했을 때, 항상 승리하는 후보를 콩도르세 승자라고 한다. 흔히 말하는 밸런스 게임식으로 둘 중에 누가 좋은지 계속 물어본다면, 콩도르세 승자는 언제나 더 인기 있고 이기는 후보다. 보통은 가장 인기 있는 후보가 누구와 비교하든 인기 있을 가능성이 높기 때문에 보통 콩도르세 승자는 실제로 여러 명이 한꺼번에 나오는 실제 선거에서도 승리할 확률이 높기는 하다. 그러나 앞서 살펴본 사례처럼 콩도르세 승자가 실제 승자는 되지 못하는 경우가 발생할 수가 있다. 이럴 때를 콩도르세의 역설이 나타났다고 한다.

반대의 경우는 더욱 납득하기 어렵다. 일대일 대결을 한다고 가정했을 때, 항상 지기만 하는 후보를 콩도르세 패자라고 한다. 콩도르세 패자는 그 어느 후보와 대결해도 인기가 없다는 결과만 나오기 때문에 가장 인기 없는 후보처럼 보이기 쉽다. 아무도 그 후보를 좋아하지 않는 것 같다. 실제로 이런 후보가 선거에 나가면 승리하기가 쉽지 않다. 그러나 콩도르세 패자라고 하더라도 실제 선거에서 가끔은 성공할 수 있다. 한국의 1987년 대통령 선거에서 노태우, 김영삼, 김대중 세 후보를 놓고 보면 노태우 후보는 콩도르세 패자다. 일대일 대결을 하면 김영삼, 김대중 후보 어느 쪽과 대결해도 패배하기만 한다. 그렇지만 셋 모두가 등장하니 노태우 후보는 승리하여 5년 동안 대한민국의 대통령이 되었다.

조금 더 시각을 넓혀 보면 콩도르세의 역설은 선거가 아니라 모든 의사결정에서 나타날 수 있다. 무엇이 더 좋다고 보는지, 어떤 것을 더 아름답다고 여기는지, 여러 사람이 선호를 따지는 문제에서는 항상 콩도르세의 역설이 등장한다. 그리고 이 역설을 이해하지 못하는 모든 사람들에게 혼란을 일으킨다.

예를 들어 보자. 한 회사에서 직원들에게 조사를 해 보았더니 회사가 비행기 사업을 하기보다는 자동차 사업을 해야 한다는 결과가 나왔다. 다시 한번 더 조사를 해 보았더니 회사가 비행기 사업을 하기보다는 컴퓨터 사업을 해야 한다는 결과가 나왔다. 사장은 직원들이 비행기 사업만은 절대 해서는 안 되고 자동차 사업을 하든 아니면 컴퓨터 사업을 하든 둘 중 하나를 해야 한다고 생각하는 것 같다고 짐작한다. 그러나 막상 비행기 사업, 자동차 사업, 컴퓨터 사업 셋 중에 어떤 사업에 투자해야 하냐고 물어보면, 이번에는 정반대로 비행기 사업을 지지하는 직원들이 가장 많다는 결과가 나온다. 도대체 비행기 사업을 해야 한단 말인가, 말아야 한단 말인가? 사장은 직원들이 이랬다저랬다 한다고 툴툴거리거나 조사가 정확하게 되지 않았다고 비난한다. 그러나 사실은 콩도르세의 역설이 일어난 것이다. 콩도르세 패자인 비행기 사업이 승자가 되는 상황이 벌어진 것이다.

학생들에게 놀러 가고 싶은 장소로 좋아하는 곳을 조사해 본다고 하자. 산과 공원 중에 어디에 가는 것이 좋으냐 물어봤더니, 꽤 많은 학생들이 산에 올라가는 것을 싫어하여 공원을 선택한다. 산과 바닷가 중에 어디에 가는 것이 좋으냐고 물어봤더니, 역시 꽤 많은 학생들이 산에 올라가는 것만은 피하고 싶어 하기 때문에 바닷가를 선택한다. 그런데도 산, 공원, 바닷가 셋을 선택지로 내어 주고 어디에 가는 것이 좋으냐고 물어보면 엉뚱하게도 산이 가장 많은 표를 받는 일이 생긴다. 표가 갈리면서 콩도르세의 역설이 일어날 수 있기 때문이다. 상황에 따라서는 산, 공원, 바닷가, 강가, 박물관, 미술관, 과학관

중에서 하나를 선택하라고 해서 표가 더 갈리도록 은근슬쩍 유도할 수 있을지도 모른다.

결선투표제의 함정

선거에서 콩도르세의 역설은 대단히 피하기 어려운 문제다. 그렇다 보니 선거철이 되면 결선투표로 콩도르세의 역설 상황을 피할 수 있지 않겠냐는 주장이 나온다. 아슬아슬한 결과가 예상되는 선거에서는 이런 주장이 더 설득력을 얻기도 한다.

가끔 적지 않은 국민들이 어떤 비호감 후보만은 당선되어서는 안 된다고 생각할 때가 있다. 그런데 그 비호감 후보의 경쟁자로 둘 이상이 등장하면 표가 갈리는 바람에 비호감 후보가 당선돼 버리는 수가 있다. 이것을 막기 위해 경쟁자 두 사람이 서로 미리 논의해서 둘 중에 한 사람만 입후보하기로 하고 나머지 한 사람은 사퇴하는 전략을 펼칠 때가 있는데, 흔히 후보 단일화라고 하는 것이다. 이럴 때 자연히 두 사람은 서로 후보가 되고 싶어 하고 사퇴하기 싫어하므로 다투게 되기 십상이다. 누가 후보가 되고 누가 사퇴해야 하는지를 두고 협의하지 못하는 일도 잦다. 이럴 때 결선투표제가 있다면 전부 다 그냥 후보가 되고 결선투표제에 따라 저절로 공식적으로 단일화와 같은 효과를 얻자는 것이다.

결선투표제는 대개 1위 후보가 50퍼센트를 얻지 못하면 나머지 후보는 제외하고 1위와 2위끼리만 다시 선거를 한 번 더 해서 최종 결과를 정하는 것이다. 후보가 둘만 나오는 경우에는 콩도르세의 역설이 생기지 않는다. 그러므로 이렇게 하면 역설을 피할 수 있을 것 같기도 하다. 결선투표제를 도입했다고 치면, 앞서 아이돌 인기투표의 예시에서는 1위 프랑스 아이돌이 50퍼센트를 얻지 못했으므로 한 번 더 투표를 할 것이다. 1위와 2위인 프랑스 아이돌과 한국 아이돌만 선거를 더 한다. 일대일 대결에서는 한국 아이돌이 프랑스 아이돌에 승리하므로 결국 콩도르세 승자인 한국 아이돌이 그대로 최종 승자가 된다.

그러나 실제로는 결선투표가 콩도르세의 역설을 해결하지 못한다. 선거가 더 간단하고 깔끔해지는 것도 아니다. 결선투표제가 있다고 해도 다양한 방법으로 선거 상황은 더 복잡해진다. 2위 자리를 놓고 치열한 다툼이 일어나고, 어차피 2위 안에만 들면 강력한 1위 후보와 일대일 대결을 해 볼 수 있으니 별 인기를 끌지 못하는 후보들이 여러 명 등장해서 겨루는 일이 벌어지기도 한다.

실제로 이 비슷한 문제가 발생한 상황이 2002년 프랑스 대통령 선거였다. 당시 프랑스에서는 진보 성향 국민들이 보수 성향 국민들보다 더 많은 상황이었다. 보수 성향 후보 중에 인기 있는 후보는 자크 시라크Jacques Chirac 후보였는데, 진보 성향 후보 중 누구와 일대일 대결을 하든지 시라크 후보는 꺾을 수 있다는 전망이 있었다. 다시 말해 시라크 후보는 모두에게 패배하는 가장 인기 없는 콩도르세 패자에 가까워 보였다. 이번에는 진보가 쉽게 선거에서 승리한다는 생각이 프랑스에 퍼지는 것 같았다.

상황이 이렇게 돌아가니, 진보 성향 정치 단체에서는 너도 나도 후보를 내기 시작했다. 2위만 되면 결선투표에 올라가서 시라크와 대결을 하게 될 것이고 그러면 시라크 후보는 콩도르세 패자니까 이길 수 있다고 생각한 것이다. 그러다 보니 진보 후보들이 너무 많이 나와 버려 표가 심하게 갈렸다. 결과는 황당하게도 진보 후보들은 아무도 2위가 되지 못했고, 보수 후보 중에서도 보수 성향이 강한 장 마리 르펜Jean Marie Le Pen이라는 후보가 2위가 되었다. 처음 생각한 것처럼 진보 정치인이 쉽게 대통령이 되기는커녕, 진보 정치인은 결선투표에 올라가지도 못하게 되었다. 오히려 정반대로 진보 성향 국민들이 가장 싫어할 만한 장 마리 르펜 후보가 2위가 되었다.

이제 진보 성향 국민들은 아무리 보수 후보라도 장 마리 르펜 후보보다는 그나마 시라크 후보가 더 낫다고 생각하고 결선투표에서 시라크 후보에게 표를 모아 주었다. 이렇게 해서 시라크 후보는 콩도르세 패자라고 할 만한 후보였는데도 오히려 최후의 승리를 거두게 되었다. 결선투표가 콩도르세의 역설을 없애기는커녕, 오히려 선거제도를 더 복잡하게 해 예상하기 어려운 결과를 만들어 낸다. 선거의 결과를 예상하기가 너무 어려워지면, 후보들이 좋은 정책이나 훌륭한 공약으로 유권자들의 마음을 얻기보다는 누구와 같은 편을 먹는지 온갖 수 싸움을 하는 데만 몰두하게 될 수도 있다.

민주주의 이전의 콩도르세

따지고 보면 결선투표제에는 몇 가지 다른 고민거리도 있다. 예를 들어, 왜 결선투표는 1위와 2위, 둘만 갖고 해야 하는가? 그냥 그렇게 하는 게 간단해 보인다는 것 외에는 딱히 특별한 이유가 있는 것이 아니다. 1위, 2위, 3위, 4위, 5위가 각각 20퍼센트, 19퍼센트, 18.99퍼센트, 17퍼센트, 16퍼센트를 득표했다고 해 보자. 18.99퍼센트를 득표한 3위 후보는 2위 후보보다 0.01퍼센트를 덜 얻어서 결선투표에 진출하지 못한다. 여기에 무슨 이유가 있는가? 기왕에 결선투표를 한다면 1위, 2위, 3위를 모아서 결선투표를 하자는 의견이나, 아니면 15퍼센트 이상 득표한 모든 후보들이 다 결선투표에 진출한다거나 하는 다른 기준을 제시하는 것도 생각해 볼 수 있다. 투표제 중에는 꼴찌만 배제해 나가면서 50퍼센트를 넘기는 1위 후보가 나타날 때까지 2차 투표, 3차 투표, 4차 투표를 계속해서 반복하는 방식도 있다.

현재 학자들의 중론은 투표제를 여러 가지로 개선한다고 하더라도 콩도르세의 역설을 완전히 제거하기는 대단히 어렵다는 것이다. 다른 더 독특한 방법을 생각해 볼 수도 있다. 예를 들어 제일 좋아하는 후보가 아니라 제일 싫어하는 후보를 표시해서 표를 제일 덜 받는 후보를 택하는 방법을 생각해 볼 수도 있고, 유권자가 한 표가 아니라 두 표씩을 투표하는 방법도 있다. 아예 누구 한 명을 고르는 게 아니라 제일 좋아하는 후보가 누구인지 표시하고 두 번째로 좋아하는 후보는 누구이고 세 번째로 좋아하는 후보는 누구인지 순위를 매겨 모두 표에 표시해서 투표하면, 그 결과를 정리해 종합적으로 제일 인기 있는 후보를 고르는 방법도 있다. 그러나 이 중 어느 방법도 콩도르세의 역설을 제거하지는 못한다. 게다가 선거 제도가 너무 복잡하면 이해하기가 어려워진다는 문제도 생긴다. 이렇게 보면 콩도르세의 역설은 민주주의사회가 겪을 수 있는 교묘한 문제를 잘 드러내는 주제다.

콩도르세의 역설의 역사는 생각보다 더 오래전으로 거슬러 올라간다. 나는 근대 민주주의 역사의 초기부터 콩도르세의 역설이 언급되었다는 사실을 눈여겨볼 필요가 있다고 생각한다.

콩도르세의 역설은 18세기 후반 프랑스의 과학자 니콜라 드콩도르세Nicolas de Condorcet의 이름을 딴 말이다. 콩도르세는 본래 수학에 능한 인물이었고 뛰어난 수학 실력을 이용해서 과학의 여러 문제를 계산하고 풀이하는 일에도 관심을 가진 학자였다. 1765년 그가 쓴 적분에 대한 글인 「적분학Du Calcul Intégral」이 유명하게 전해지고 있는 것을 보면, 미분과 적분을 풀이하고 활용하는 방법에 대해서 훌륭한 연구 결과를 많이 제시하면서 명망을 얻었던 것 같다.

학자로서 자리 잡은 후 콩도르세는 공무원과 정치인으로서 나랏일을 하기 시작한다. 그는 돈을 찍어 내는 조폐국에서 일했다고 하는데 아마도 수학에 밝은 만큼 나라의 경제와 관련된 복잡한 계산을 해내는 문제에서 활약할 수 있다고 본 것 아닌가 싶다. 그즈음 콩도르세는 나라를 운영하는 방법과 국민의 권리 문제에 대해서도 깊은 관심을 가졌다. 이미 그 시절에 노예제도가 부당하다는 생각이라든가 남성뿐 아니라 여성에게도 충분한 권리가 주어져야 한다는 생각을 하기 시작했다.

18세기 말 프랑스대혁명이 일어나자 그는 혁명에 동조했다. 프랑스대혁명은 왕을 몰아내고 신분의 차이 없이 모두가 같은 권리를 갖고 나라를 운영하자는 주장을 내세우고 있었다. 콩도르세는 평등과 인권에 관심이 많았으니 그가 혁명에 동조한 것은 자연스러운 일이다. 따지고 보면 콩도르세가 선거와 투표에 관한 여러 가지 상황을 치밀하게 연구한 것도 바로 프랑스대혁명이 일어나기 조금 앞선 무렵이었다. 선거나 투표를 해 본 사람도 많지 않던 시대였고 그나마 투표를 해 본 사람들조차 그냥 다수결로 정해서 이긴 사람 말대로 하면 공평한 것 아니냐고 생각하는 시대였는데, 그는 선거 상황에 따라 사람들의 뜻이 제대로 반영되지 못하거나 억울하다고 느낄 수 있는 여러 상황들을 따져 가며 문제를 밝혔다.

대혁명의 와중에도 콩도르세는 그렇게 섬세한 태도를 유지했던 것 같다. 예를 들어 프랑스의 왕이었던 루이 16세를 처형하자는 이야기가 나왔을 때 콩도르세는 그 처형에 반대하는 의견을 냈다고 한다. 소문처럼 도는 이야기로는 목숨을 빼앗는 것은 너무 심한 처분이니, 그 대신 왕이었던 그를 노예 신분으로 일하게 만드는 것이 공평한 처분이라 주장했다고 한다.

이런 일화를 들으면 나는 과학자 콩도르세로부터 어느 프랑스대혁명 시기 정치인 이상의 인간미를 느낀다. 따지고 보면 당시 프랑스대혁명으로 신분의 차별을 없애고 평등한 나라를 만들었다고는 하지만 인종차별이나 성차별 같은 문제에 대해서는 큰 진전이 없는 것도 사실이었다. 프랑스대혁명을 일으킨 정치인들은 정작 프랑스의 지배를 받던 카리브해의 아이티에서 노예들이 자유를 얻기 위해 반란을 일으켰을 때 그 반란을 무자비하게 탄압하려 했다. 모두가 평등해야 한다던 프랑스대혁명이었지만 그 후 150년간 프랑스에서 여성은 동등한 투표권을 얻을 수가 없었다. 콩도르세는 많은 사상가들이 한계에 갇혀 있던 시대에 모든 것을 차근차근 따져 보는 깊은 통찰로 인종차별과 성차별에 반대하는 생각에 도달했다. 혁명 속에서 더 잔인하지는 않았지만 누구 못지않게 생각은 앞서 있었다.

얼마 후 프랑스는 자코뱅당이라는 사람들의 손에 들어간다. 자코뱅당은 대체로 더욱 강하게 혁명을 추진해야 하며 그런 만큼 혁명을 반대하는 사람이라면 더 강력히 처벌해야 한다는 생각을 따르고 있었다. 대혁명이란 사실 나라를 뒤엎어 하루아침에 왕을 몰아내는 사건이 아닌가. 그런 상황에서 조그마한 틈이라도 보이면 다시 반격을 당해 모두 패배하고 몰살당할 수도 있다는 불안감과 공포감도 자코뱅당의 주장을 더욱 인기 있게 해 준 것 같다. 자코뱅당의 주장은 점점 더 과격해졌다. 나중에는 같은 자코뱅당 정치인 중에 주류에서 멀어진 조르주 당통Georges Danton 같은 인물조차 처형당하고 만다.

이어서 소위 공포정치가 시작되었다. 프랑스대혁명에 반

대하는 크고 작은 움직임에 참여한 수많은 사람들이 줄줄이 처형당했다. 이 시기는 루이 앙투안 드생 쥐스트Louis Antoine de Saint-Just 같은 독특한 인물이 자코뱅당의 주요 정치인으로 활약하던 무렵이다. 생 쥐스트는 20대 초반의 젊은 나이에 이상할 정도로 미남이었으며 대단히 열렬하게 대혁명에 심취해, 아무도 혁명을 거스르지 못하게 해야 한다고 주장했다. 생 쥐스트가 어찌나 많은 사람들을 처형해야 한다고 나섰는지, 현재 프랑스 정부의 프랑스아르시브 웹페이지(www.francearchives.gouv.fr)에서는 그의 초상화를 소개하면서 그의 별명이 "공포의 천사", "죽음의 천사"였다고 언급할 정도다.

이런 시대였으니 콩도르세처럼 왕의 목숨을 살려 두자고 주장하거나 선거제도를 아무렇게나 관리하면 생각 외로 심각한 문제가 있을 수 있다는 분석을 제시한 인물이 편안히 살 수 있을 리가 없었다. 곧 콩도르세를 체포하겠다는 영장이 프랑스대혁명 정부로부터 발부되었고, 콩도르세는 도망자 생활을 하다가 결국 주변인의 배신으로 붙잡혀 감옥에 갇히게 된다. 이후 그는 재판도 받기 전에 감옥에서 목숨을 잃고 말았다.

콩도르세의 역설을 살펴보면 여러 사람의 뜻을 반영하는 결정을 내린다는 것이 결코 말처럼 쉽지는 않다는 사실을 알 수 있다. 더 많은 사람의 의사를 더 효과적으로 반영하기 위해서는 세밀하고도 조심스러운 노력이 필요하다. 보기에 따라서는 콩도르세 역시 그런 노력이 부족했던 과거의 희생자인지도 모른다.

1장 마음의 역설

1. 거짓말쟁이의 역설

마틴 가드너. 『이야기 파라독스』. 이충호 옮김. 사계절(2003).

Blaylock, Guy. "The EPR paradox, Bell's inequality, and the question of locality." *American Journal of Physics* 78, no. 1 (2010): 111-120.

Dray, Tevian. "The twin paradox revisited." *American Journal of Physics* 58, no. 9 (1990): 822-825.

Harrison, E. R. "Olbers' paradox." *Nature* 204 (1964): 271-272.

Sloman, Aaron. "Tarski, Frege and the Liar Paradox." *Philosophy* (1971).

Trimmer, John D. "The present situation in quantum mechanics: a translation of Schrödinger's "Cat Paradox" paper." *Proceedings of the American Philosophical Society* (1980): 323-338.

2. 맨더빌의 역설

박제가. 『북학의』. 박정주 옮김. 서해문집(2003).

Gottmann, Felicia. "Du Châtelet, Voltaire, and the transformation of Mandeville's Fable." *History of European Ideas* 38, no. 2 (2012): 218-232.

Muceni, Elena. "Mandeville and France: The Reception of the Fable of the Bees in France and its Influence on the French Enlightenment." *French studies* 69, no. 4 (2015): 449-461.

Schipper, Florian, and Doron Aurbach. "A brief review: past, present and future of lithium ion batteries." *Russian Journal of Electrochemistry* 52 (2016): 1095-1121.

Solow, Robert M. "Reflections on Saving Behavior." *GOVERNMENT POLICY* (1982): 162.

3. 애빌린의 역설

Harvey, Jerry B. "The Abilene paradox: the management of agreement." *Organizational dynamics* (1974).

Takeuchi, Daiki, Gouhei Tanaka, Ryo Fujie, and Hideyuki Suzuki, "Public opinion formation with the spiral of silence on complex social networks." Nonlinear Theory and Its Applications, *IEICE* 6, no. 1 (2015): 15-25.

4. 우정의 역설

Eom, Young-Ho, and Hang-Hyun Jo. "Generalized friendship paradox in complex networks: The case of scientific collaboration." *Scientific reports* 4, no. 1 (2014): 1-6.

Feld, Scott L. "Why your friends have more friends than you do." *American journal of sociology* 96, no. 6 (1991): 1464-1477.

Kumar, Vineet, David Krackhardt, and Scott Feld. "Network interventions based on inversity: Leveraging the friendship paradox in unknown network structures. *Yale University*, Tech (2018).

5. 이스털린의 역설

Angeles, Luis. "A closer look at the Easterlin paradox." *The Journal of Socio-Economics* 40, no. 1 (2011): 67-73.

Bates, Winton. "Gross national happiness." *Asian-Pacific Economic Literature* 23, no. 2 (2009): 1-16.

Char, Sudhavna. "Should India Lend to GDH the Same Weight as to GDP?." *International Review of Business and Economics* 6, no. 1 (2022): 19.

Hagerty, Michael R, and Ruut Veenhoven. "Wealth and happiness revisited-growing national income does go with greater happiness." *Social indicators research* 64 (2003): 1-27.

MacKerron, George. "Happiness economics from 35,000 feet." *Journal of Economic Surveys* 26, no. 4 (2012): 705-735.

Muresan, Gabriela Mihaela, Cristina Ciumas, and Monica Violeta Achim. "Can money buy happiness? Evidence for European countries." *Applied Research in Quality of Life* 15 (2020): 953-970.

Stevenson, Betsey, and Justin Wolfers. Economic growth and subjective well-being: Reassessing the Easterlin paradox. No. w14282. *National Bureau of Economic Research*, (2008).

Veenhoven, Ruut. "Apparent quality-of-life in nations: How long and happy people live." *Social indicators research* 71 (2005): 61-86.

Veenhoven, Ruut. "Return of inequality in modern society?: Test by dispersion of life-satisfaction across time and nations." *Journal of Happiness Studies* 6, no. 4 (2005): 457-487.

2장 돈의 역설

6. 이카루스의 역설

유진우. 「'한국명 구창선' 크리스텐슨 하버드大 교수 별세 … 베이조스·잡스의 구루」.《조선일보》(2020).

Drummond, Helga. "The Icarus paradox: An analysis of a totally destructive system." *Journal of Information technology* 23, no. 3 (2008): 176-184.

Miller, Danny. "The Icarus paradox: How exceptional companies bring about their own downfall." *Business Horizons* 35, no. 1 (1992): 24-35.

Schmidt, Glen M., and Cheryl T. Druehl. "When is a disruptive innovation disruptive?." *Journal of product innovation management* 25, no. 4 (2008): 347-369.

7. 레온티예프의 역설

산소통. 「대한민국을 이끈 수출품들 #2 수출 효자상품의 대명사 '가발'」. 산업PICK(2015).

오세화, 「연구여적-가발회사 실험실장의 소중한 체험」, 《과학과 기술》, 34, 1 (2001): 40-41.

Choi, Changkyu. "Linder hypothesis revisited." *Applied Economics Letters* 9, no. 9 (2002): 601-605.

Davis, Donald R. "Intra-industry trade: a Heckscher-Ohlin-Ricardo approach." *Journal of international Economics* 39, no. 3-4 (1995): 201-226.

Leamer, Edward E. "The Leontief paradox, reconsidered." *Journal of political Economy* 88, no. 3 (1980): 495-503.

McPherson, Michael A., Michael R. Redfearn, and Margie A. Tieslau. "International trade and developing countries: an empirical investigation of the Linder hypothesis." *Applied Economics* 33, no. 5 (2001): 649-657.

Paraskevopoulou, Christina, Persefoni Tsaliki, and Lefteris Tsoulfidis. "Revisiting Leontief's paradox." *International Review of Applied Economics* 30, no. 6 (2016): 693-713.

8. 루커스의 역설

김당. 「돈주고 뺨맞고 … 쓸개 빠진 '불곰사업'」.《주간동아》 310호 (2001).

김부식. 『삼국사기』. 을유문화사(1996).

안기정. 「노벨상 경제학자의 한국 읽기 | 로버트 루카스의 합리적 기대와 정부 역할」.《이코노미조선》(2011).

Montiel, Peter J. "Obstacles to investment in Africa: Explaining the Lucas paradox." In high-level seminar Realizing the Potential for Profitable Investment in Africa. 2006.

9. 경쟁의 역설

Bro, Rasmus, and Age K. Smilde. "Principal component analysis." *Analytical methods* 6, no. 9 (2014): 2812-2831.

Clarke-Hill, Colin, Huaning Li, and Barry Davies. "The paradox of co-operation and competition in strategic alliances: towards a multi-paradigm approach." *Management Research News* 26, no. 1 (2003): 1-20.

Russell, Jeffrey E. "Using a retail location game to explore Hotelling's Principle of Minimum Differentiation." *Business Education Innovation Journal* 5, no. 2 (2013): 48-52.

SIPRI. "SIPRI Yearboiok 2014." *SIPRI* (2014)

Van Meeteren, Michiel, and Ate Poorthuis. "Christaller and "big data": recalibrating central place theory via the geoweb." *Urban Geography* 39, no. 1 (2018): 122-148.

Wilson, Alan M., Tatjana Y. Hubel, Simon D. Wilshin, John C. Lowe, Maja Lorenc, Oliver P. Dewhirst, Hattie LA Bartlam-Brooks et al. "Biomechanics of predator-prey arms race in lion, zebra, cheetah and impala." *Nature* 554, no. 7691 (2018): 183-188.

10. 가치의 역설

국사편찬위원회.『조선왕조실록』. 국사편찬위원회 조선왕조실록 정보화사업 웹사이트.

김옥경.「아담 스미스의 [도덕감정론] 에 나타난 정의 개념」.《사회와 철학》 5 (2003): 219-249.

이한유.「勞使間의 經濟的 正義와 效率性의 調和」.《성곡논총》27, no. 2 (1996): 409-450.

조현수.「소통담론의 관점에서 본 애덤 스미스의 '도덕'과 '정치경제학': [도덕감정론] 과 [국부론] 의 텍스트 분석」.《한독사회과학논총》29, no. 1 (2019): 62-91.

Ekelund Jr, Robert B., and Mark Thornton. "Galileo, Smith and the Paradox of Value: The Connection of Art and Science." *History of Economic Ideas* (2011): 85-101.

Gryshova, Inna, Tatyana Shabatura, Stasys Girdzijauskas, Dalia Streimikiene, Remigijus Ciegis, and Ingrida Griesiene. "The Paradox of Value and Economic Bubbles: New Insights for Sustainable

Economic Development." *Sustainability* 11, no. 24 (2019): 6888.

3장 숫자의 역설

11. 브라에스의 역설

김남호. 「해상국립공원 무인도 골칫덩어리 염소 "모두 잡아라"」. 환경부. 보도 설명. 국립공원관리공단(2016).

김윤종. 「무인도에 풀어놓은 염소 … 섬 환경 초토화」. 《동아일보》(2011).

연합뉴스 편집부. 「국립공원 생태계 파괴 '염소' … 드론으로 '생포작전' 나선다」. 《연합뉴스》(2017).

Chung, Jin-Hyuk, Kee Yeon Hwang, and Yun Kyung Bae. "The loss of road capacity and self-compliance: Lessons from the Cheonggyecheon stream restoration." *Transport Policy* 21 (2012): 165-178.

Nagurney, Anna. "The negation of the Braess paradox as demand increases: The wisdom of crowds in transportation networks." *Europhysics Letters* 91, no. 4 (2010): 48002.

Pas, Eric I., and Shari L. Principio. "Braess' paradox: Some new insights." *Transportation Research Part B: Methodological* 31, no. 3 (1997): 265-276.

Sahasrabudhe, Sagar, and Adilson E. Motter. "Rescuing ecosystems from extinction cascades through compensatory perturbations." *Nature Communications* 2, no. 1 (2011): 170.

12. 제번스의 역설

김진주. 「석탄발전 비중 40%인 한국, 2050까지 탄소 어떻게 줄이나」. 《한국일보》(2021).

이장존 외 3인. 「고려시대 선체출토 석탄의 재료학적 특성 및 국산 석탄과의 비교 연구」. 《보존과학회지》 Vol 29, no. 4 (2013).

Gallegati, Mauro, and Domenico Mignacca. "Jevons, sunspot theory and economic fluctuations." *History of Economic Ideas* (1994): 23-

40.

Missemer, Antoine. "William stanley Jevons' the coal question (1865), beyond the rebound effect." *Ecological Economics* 82 (2012): 97-103.

Peart, Sandra J. "Sunspots and Expectations: WS Jevons's Theory of Economic Fluctuations." *Journal of the History of Economic Thought* 13, no. 2 (1991): 243-265.

Wallace, T. Dudley, and Dale M. Hoover. "Income effects of innovation: The case of labor in agriculture." *Journal of Farm Economics* 48, no. 2 (1966): 325-336.

13. 심프슨의 역설

Bickel, Peter J., Eugene A. Hammel, and J. William O'Connell. "Sex Bias in Graduate Admissions: Data from Berkeley: Measuring bias is harder than is usually assumed, and the evidence is sometimes contrary to expectation." *Science* 187, no. 4175 (1975): 398-404.

Blyth, Colin R. "On Simpson's paradox and the sure-thing principle." *Journal of the American Statistical Association* 67, no. 338 (1972): 364-366.

Hernán, Miguel A., David Clayton, and Niels Keiding. "The Simpson's paradox unraveled." *International journal of epidemiology* 40, no. 3 (2011): 780-785.

Wagner, Clifford H. "Simpson's paradox in real life." *The American Statistician* 36, no. 1 (1982): 46-48.

14. 점검의 역설

Jeanpierre, Marc. "The Inspection Paradox and Whole-Genome Analysis." *Advances in Genetics* 64 (2008): 1-17.

Norris, Catherine J. "The negativity bias, revisited: Evidence from neuroscience measures and an individual differences approach." *Social neuroscience* 16, no. 1 (2021): 68-82.

Pal, Arnab, Sarah Kostinski, and Shlomi Reuveni. "The inspection paradox in stochastic resetting." *Journal of Physics A: Mathematical and Theoretical* 55, no. 2 (2022): 021001.

Vaish, Amrisha, Tobias Grossmann, and Amanda Woodward. "Not all emotions are created equal: the negativity bias in social-emotional development." *Psychological bulletin* 134, no. 3 (2008): 383.

15. 콩도르세의 역설

조던 엘렌버그.『틀리지 않는 법』. 김명남 옮김. 열린책들(2016).

Gehrlein, William V. "Condorcet's paradox." *Theory and Decision* 15, no. 2 (1983): 161-197.

Herings, P. Jean-Jacques, and Harold Houba. "The Condorcet paradox revisited." *Social Choice and Welfare* 47, no. 1 (2016): 141-186.

Kurrild-Klitgaard, Peter. "An empirical example of the Condorcet paradox of voting in a large electorate." *Public Choice* 107, no. 1-2 (2001): 135-145.

도판 출처

북트리거 일반 도서

북트리거 청소년 도서

곽재식의 역설 사전

마음을 지배하고 돈을 주무르고 숫자를 갖고 노는 역설의 세계

1판 1쇄 발행일 2023년 7월 5일

지은이 곽재식
펴낸이 권준구 **| 펴낸곳** (주)지학사
본부장 황홍규 **| 편집장** 김지영 **| 편집** 양선화 서동조 김승주
책임편집 김승주 **| 디자인** 정은경디자인
마케팅 송성만 손정빈 윤술옥 박주현 **| 제작** 김현정 이진형 강석준 오지형
등록 2017년 2월 9일(제2017-000034호) **|** 주소 서울시 마포구 신촌로6길 5
전화 02.330.5265 **|** 팩스 02.3141.4488 **|** 이메일 booktrigger@naver.com
홈페이지 www.jihak.co.kr **|** 포스트 post.naver.com/booktrigger
페이스북 www.facebook.com/booktrigger **|** 인스타그램 @booktrigger

ISBN 979-11-89799-96-0 03300

북트리거

트리거(trigger)는 '방아쇠, 계기, 유인, 자극'을 뜻합니다.
북트리거는 나와 사물, 이웃과 세상을 바라보는 시선에 신선한 자극을 주는 책을 펴냅니다.